教育部人文社会科学研究青年项目
（项目编号 17YJC630226）

面向『双创』的科技保险险种创新研究

赵 湜 ◎著

中国财经出版传媒集团

经济科学出版社
Economic Science Press

·北京·

图书在版编目（CIP）数据

面向"双创"的科技保险险种创新研究／赵湜著.
北京 ： 经济科学出版社，2024. 6. –– ISBN 978 – 7 – 5218 –
5986 – 7

Ⅰ. F842. 6

中国国家版本馆 CIP 数据核字第 2024A2813V 号

责任编辑：刘 莎
责任校对：蒋子明
责任印制：邱 天

面向"双创"的科技保险险种创新研究

MIANXIANG "SHUANGCHUANG" DE KEJI BAOXIAN
XIANZHONG CHUANGXIN YANJIU

赵 湜 著

经济科学出版社出版、发行 新华书店经销
社址：北京市海淀区阜成路甲 28 号 邮编：100142
总编部电话：010 – 88191217 发行部电话：010 – 88191522
网址：www. esp. com. cn
电子邮箱：esp@ esp. com. cn
天猫网店：经济科学出版社旗舰店
网址：http://jjkxcbs. tmall. com
固安华明印业有限公司印装
710 × 1000 16 开 10. 75 印张 160000 字
2024 年 6 月第 1 版 2024 年 6 月第 1 次印刷
ISBN 978 – 7 – 5218 – 5986 – 7 定价：49. 00 元

前　言

　　自"大众创业、万众创新"提出后，创业创新的核心主体不再局限于高新技术企业和科学研究机构，有创业创新思想、意愿的个人和团队也被纳入其中。随着创业创新行为的大众化和草根化，创业创新主体的抗风险能力降低，创业创新的风险呈现上升趋势。同时，创业创新的高风险性是阻碍创业创新行为和资源投入的主要因素，因而有效分摊创业创新风险，减少创业创新障碍，提高源动力是促进创业创新的重要途径，也是推行"双创"的重要保障。自 2007 年我国大力推行科技保险以来，科技保险逐步成为分摊和控制技术创新项目风险的重要工具，对我国企业的技术创新起到了重要的促进作用。但面临新的创业创新环境，科技保险的局限性逐渐体现。第一是风险主体覆盖范围的局限性，目前科技保险险种只针对企业技术创新，承保对象主要是开展技术创新的企业，但"双创"的主体不仅仅局限于企业，也包括开展创新创业的个人和团队。对象主体的变化对保费支付意愿、风险承担能力以及风险控制能力产生了巨大的影响，间接对科技保险的险种设计、保费厘定和运作模式提出新的挑战。第二是承保风险范围的局限性，目前科技保险主要聚焦于企业研发风险的承保，该范围相对当前"双创"的风险分摊需求存在较大缺口。我国技术创新资源主要集中于高校和科研院所，企业自主研发能力有限，且存在大量科研成果亟待通过成果转化进入市场、产生价值，而这也是我国大力推动"双创"政策的重要初衷。因此，有效分摊和降低成果转化过程中科技风险及由此产生的创业风险是科技保险亟需抓住和满足的重大市场需求与机遇。第三，从创新创业市场投入要素角度分析，资金和人才是两大核心要素。资金要素的投入形式包括投融资、信用贷款和信贷保证，目前的科技保险仅存在技术创新信贷保证保险险种，对于技术创新投融资风险以及高新技术创新的投融资和信贷保证风险均缺乏对应险种，整体局限性较大。而高端人才引进作为当前创新与创业的主要市场要素投入形式，其过程也存在着较大的风险，人身安全与健康风险、"水土不服"引发的人才融入风险和流失风险均会造成创新创业项目产生延迟、中断甚至失败风险，而当前科技保险均缺乏相应险种。因此，通过科技保险险种创新，扩大保险范围，增强对创业创新风险的针对性，对促进科技保险进一步适应市场需求，充分发挥科技保险对"双创"的保障作用具有重要的理论和应用价值。

从理论角度看，第一，本书将科技保险引入创业风险研究领域，为高新技术创业风险分摊和控制提供有效工具。科技保险一直局限于针对技术研发过程中科技风险的承保，本书通过对大学生及科研人员创业保险、高新技术创业投资保险、高新技术创业信贷保证保险等新险种的创新和开发，实现了科技保险对高新技术创业风险的分摊和控制。第二，本书丰富了科技保险的保险对象，拓展了科技保险的保险范围。目前，我国科技保险的保险范围一直局限于高新技术企业的技术创新项目，本书将技术创新投资主体和高新技术创业主体纳入科技保险范围，拓宽了科技保险理论的研究领域。第三，本书为科技保险政策评价的理论研究提供有效定量工具。从现有文献资料分析，我国在科技保险政策评价方面的研究偏向于定性评价，受到主观性评价的限制。构建科技保险政策模拟模型，可以为科技保险政策评价研究提供定量工具，补充科技保险政策评价理论的不足。

从实践应用角度看，本书丰富了科技保险险种，强化了科技保险对创业创新的促进作用。我们针对创业创新过程中的核心风险提出了一系列科技保险新险种，对于扩大保险范围，增强对创业创新风险的针对性，提高科技保险的市场需求适应性和对创业创新的促进作用具有重要价值。同时也为科技保险发展政策的制定提供新思路。本书基于新险种的运作机制和发展需求，对大力发展科技保险再保险，促进科技保险与创业创新平台、社会风险分摊体系协同发展等科技保险发展的新模式和新思路进行了深入探讨，有利于科技保险政策的突破性创新。

本书的第 1 部分和第 2 部分在对"双创"风险和科技保险进行深度理论研究的基础上，对面向"双创"的科技保险险种创新需求进行了深度分析。要实现"双创"，一方面需要引导更多的市场要素投入到创业创新；另一方面就是要鼓励更多的市场主体参与创业创新。创业创新的核心市场要素包括资金要素和人才要素，而核心市场参与主体则包括个人、团队以及企业。因此，本书从推行"双创"的需求分析出发，在对创新风险和创业风险分析并绘制风险图谱的基础之上，结合科技保险的发展现状和特点，针对创新风险，筛选出技术创新投融资保险、技术创新核心人才引进保险和技术成果转化保险等待开发险种；同时，针对创业风险，筛选出高新技术创业投资保险、高新技术创业信贷保证保险和大学生及科研人员创业保险等待开发险种。最后以筛选出的待开发险种为基础，提出了面向"双创"的科技保险险种创新需求。

本书的第 3 部分针对面向"双创"的科技保险险种创新需求进行新险种的开发设计，主要包括概念设计、费率厘定和合同设计三个部分。本书针对面向"双创"的科技保险险种创新需求，进一步明确科技保险险种创新的思路和新险种构想，进而运用保险险种开发技术，对技术创新投融资保险、技术创新核心人才引进保险、技术成果转化保险、高新技术创业投资保险、高新技术创业信贷保证保险和大学生及科研人员创业保险六大新险种分别进行可行性分析，并展开概念设计、费率厘定和合同设计。

本书的第 4 部分则主要针对科技保险新险种的运作机制和发展模式展开设计研究。目前，我国科技保险的发展仍然以政策性保费补贴模式为主，导致科技保险发展对保费补贴政策高度依赖，形成科技保险发展障碍。新险种的落地实施对科技保险的发展模式提出了新的要求，现有发展模式已无法支撑新险种的发展。为了保障新险种的全面落地，必须配套设计科技保险新险种发展模式。科技保险新险种一方面将科技成果转化风险以及创业风险纳入保险范围，同时增加抗风险能力较弱的个人和创业团队作为保险对象，在一定程度上进一步提高了科技保险的承保风险；另一方面将创业创新资金和人才投入风险纳入保险范围，进一步加强了科技保险的弱可保性，提高了科技保险运作过程中的道德风险。基于科技保险新险种的特点，可以明确科技保险发展模式创新需要重点解决两个问题：第一，降低或进一步分摊科技保险公司运作科技保险而积聚的创业创新风险；第二，提高保险公司对创业创新项目的参与程度，增强保险公司对承保对象创业创新风险的控制能力。针对以上问题，结合科技保险新险种的微观运作机制分析，本研究将再保险理论引入科技保险，提出基于再保险的科技保险集群化发展模式，以降低科技保险的承保风险，同时将科技保险纳入科技企业孵化器和社会风险分摊体系，提出科技保险与科技企业孵化器的联合发展模式，以及科技保险与社会风险分摊体系的协同发展模式，从而提高保险公司对创业创新项目的参与程度。

本书的第 5 部分是发展科技保险新险种的政策建议。新的发展模式需要新的政策来推进实施，而新的政策不能打破国家现有的政策体系。因而如何在现有的政策工具下，设计具有针对性的政策组合，实现政策效率最大化，是必须解决的关键性问题。为了解决这个问题，本研究首先整理分析我国现有的政策工具，然后基于对政策工具的分析，结合新险种的运作机制和发展模式，运用三方进化博弈理论分析科技保险新险种各方主体的博弈关系，进而设计政策实施效果模拟模型，并利用模型对不同政策工具组合政策实施效果进行模拟比较，最终选出最优的政策工具组合，并进行政策建议设计。

本书作为教育部人文社科青年基金项目的主要成果，经历了长期而深入的研究过程，非常感谢教育部人文社科青年基金对项目研究的支持，为项目研究的走访调研、资料获取、专家咨询提供了充足的经费支持。

在研究过程中，项目团队查阅了大量的文献资料，走访了各类企业，咨询了多位专家，付出了艰辛的努力和汗水。非常感谢我的博导武汉理工大学谢科范教授和湖北工业大学刘升福教授等各位专家对项目的悉心指导，同时也感谢黄晨曦、张世兴等湖北工业大学项目核心团队成员对项目成果的卓越贡献。此外，还要感谢为本研究提供资料、素材、信息的企业、机构和个人，他们的合作为研究提供了宝贵的数据和信息，对研究的深入开展产生了重要的支撑作用。

赵　湜

2024 年 6 月

目 录

第 1 部分 "双创"风险与科技保险的基本理论 ⋯⋯⋯⋯⋯ 1

1 "双创"政策及"双创"发展障碍分析 ⋯⋯⋯⋯⋯⋯ 1

　　1.1 "双创"的内涵 ⋯⋯⋯⋯⋯ 1

　　1.2 "双创"政策的发展现状及趋势分析 ⋯⋯⋯⋯⋯⋯⋯ 2

　　1.3 我国"双创"发展的问题分析 ⋯⋯⋯⋯⋯⋯ 10

2 "双创"风险与科技保险 ⋯⋯⋯⋯⋯⋯⋯ 12

　　2.1 "双创"风险的界定与特征 ⋯⋯⋯⋯⋯⋯ 12

　　2.2 "双创"风险的构成因素和图谱 ⋯⋯⋯⋯⋯⋯ 16

　　2.3 科技保险的内涵与特征 ⋯⋯⋯⋯⋯⋯ 18

　　2.4 科技保险在"双创"风险控制中的作用 ⋯⋯⋯⋯⋯⋯ 22

3 我国科技保险发展历程研究 ⋯⋯⋯⋯⋯⋯ 24

　　3.1 我国科技保险的发展历程和产生背景 ⋯⋯⋯⋯⋯ 24

　　3.2 科技保险的市场现状 ⋯⋯⋯⋯⋯⋯ 28

　　3.3 科技保险的险种现状 ⋯⋯⋯⋯⋯⋯ 31

　　3.4 我国科技保险的运作问题分析 ⋯⋯⋯⋯⋯⋯ 32

第 2 部分 面向"双创"的科技保险险种创新需求研究 ⋯⋯⋯⋯⋯ 44

4 基于"双创"发展的科技保险险种缺口分析 ⋯⋯⋯⋯⋯ 44

5 针对资金和人才投入风险的险种创新需求 ⋯⋯⋯⋯⋯ 45

6　针对个人或团队创新创业的险种创新需求 ················· 47

7　针对研发成果转化风险的险种创新需求 ················· 48

8　面向"双创"的科技保险险种创新的总体构想 ················· 49

第3部分　面向"双创"的科技保险新险种设计 ················· 53

9　科技保险险种创新的基本原则 ················· 53

10　科技保险新险种的费率厘定 ················· 56

　　10.1　非寿险产品费率厘定的原理 ················· 56

　　10.2　科技保险新险种的费率厘定 ················· 58

11　科技保险新险种的合同设计 ················· 61

第4部分　科技保险新险种的运作机制和发展模式研究 ················· 67

12　科技保险新险种的运作机制分析 ················· 67

13　我国科技保险发展模式的现状分析 ················· 73

14　科技保险新险种的发展模式创新需求分析 ················· 75

15　科技保险新险种发展模式创新的总体思路 ················· 77

16　科技保险新险种的发展模式设计 ················· 80

　　16.1　科技保险与科技企业孵化器的联合发展模式 ·········· 80

　　16.2　科技保险与社会分摊体系的协同发展模式 ················· 81

　　16.3　基于再保险的科技保险集群化发展模式 ·········· 82

第5部分　发展科技保险新险种的政策建议 ················· 95

17　科技保险现行政策体系分析 ················· 95

18　发展科技保险新险种的政策工具选择与组合 ················· 101

19　新险种发展政策体系优化建议 ················· 108

20　搭建以科技保险为核心的企业技术创新风险

　　间接补偿体系 ················· 111

　　20.1　企业技术创新风险间接补偿的原理 ················· 111

20.2　企业技术创新风险的各种间接补偿工具

　　　　组合及模拟 ……………………………………… 118

20.3　企业技术创新风险间接补偿体系

　　　　发展的政策建议 …………………………………… 142

参考文献 ……………………………………………… 159

第 1 部分

"双创"风险与科技保险的基本理论

1 "双创"政策及"双创"发展障碍分析

1.1 "双创"的内涵

创新是推动民族进步和社会发展的不竭动力,"双创"是指"大众创业、万众创新",是基于我国国情提出的一种创新发展理念。随着我国经济的高速增长,自然资源的消耗也急剧上升,人口红利达到刘易斯拐点,劳动力由过剩转向短缺,依靠廉价劳动力获得较低的要素价格优势已不足以再支持我国经济持续健康增长。自 2012 年底党的十八大提出要实施创新驱动发展战略以来,我国始终坚持把科技创新摆在国家发展全局的核心位置,改变传统的要素驱动和投资驱动方式,坚持以创新驱动社会经济发展方式的转变。2014 年 6 月时任总理李克强在夏季达沃斯会上首次提出"双创",发出"大众创业、万众创新"的号召,2015 年《政府工作报告》又将"双创"作为重要施政内容进行部署,之后国家领导人多次在重要场合以及常务会议上重点讨论并强调"双创"的重要性,国务院办公厅随之下达了一系列针对创新创业的普惠性扶持政策,在社会上掀起了大众创业、万众创新的狂潮。

在经济发展进入新常态的背景下，大力推进"双创"有助于我国经济结构的调整，利用科学技术的创新改变以往的劳动力生产方式，推动传统产业结构的转型和升级。另外，"大众创业、万众创新"中的"众"强调的是大众参与，有助于重新激发市场活力，培育和催生经济增长新动力。同时，新增的大量市场主体又能够提供更多就业机会，大力解放和发展生产力，最终实现共同富裕。

1.2 "双创"政策的发展现状及趋势分析

1.2.1 "双创"政策的发展现状

根据 2015 年国务院政府工作报告的总体部署，国务院办公厅于 2015 年 3 月发布《国务院办公厅关于发展众创空间推进大众创新创业的指导意见》，这是第一个明确以推进"双创"为目的的政策文件，同年 6 月，《国务院关于大力推进大众创业万众创新若干政策措施的意见》（以下简称《意见》）的出台，明确了实施"双创"的总体思路，对创新创业的主体、内容、形式以及公共服务体系进行了系统全面的部署，提出了一系列普惠性扶持政策，对政府各部门以及各地区政府提出了一定要求。之后，各地区政府纷纷响应《意见》的号召，出台了针对地方发展情况的改革试验方案并且得到同意批复。中共中央和国务院接续颁发文件从多个层面为"双创"助力，大力推进大众创业、万众创新的发展，表 1－1 列举了 2015 年 3 月以来国家层面有关"双创"发展的部分政策，这表明，从 2015 年开始，我国正式进入"双创时代"。

表 1－1　　　　　国家有关推动"双创"发展的部分政策

项目	颁布年月	文件名称
中央有关文件	2015 年 3 月	中共中央　国务院关于深化体制机制改革加快实施创新驱动发展战略的若干意见
	2016 年 5 月	中共中央　国务院印发《国家创新驱动发展战略纲要》

续表

项目	颁布年月	文件名称
中央有关文件	2016 年 11 月	中共中央 国务院关于完善产权保护制度依法保护产权的意见
	2017 年 1 月	中共中央办公厅 国务院办公厅印发《关于促进移动互联网健康有序发展的意见》
	2018 年 2 月	中共中央办公厅 国务院办公厅印发《关于分类推进人才评价机制改革的指导意见》
	2018 年 5 月	中共中央办公厅 国务院办公厅印发《关于深入推进审批服务便民化的指导意见》
	2019 年 4 月	中共中央办公厅 国务院办公厅印发《关于促进中小企业健康发展的指导意见》
	2019 年 11 月	中共中央办公厅 国务院办公厅印发《关于强化知识产权保护的意见》
国务院有关文件	2015 年 3 月	国务院办公厅关于发展众创空间推进大众创新创业的指导意见
	2015 年 5 月	国务院关于进一步做好新形势下就业创业工作的意见
	2015 年 5 月	国务院办公厅关于深化高等学校创新创业教育改革的实施意见
	2015 年 6 月	国务院关于大力推进大众创业万众创新若干政策措施的意见
	2015 年 6 月	国务院办公厅关于支持农民工等人员返乡创业的意见
	2015 年 8 月	国务院办公厅关于同意建立推进大众创业万众创新部际联席会议制度的函
	2015 年 9 月	国务院关于加快构建大众创业万众创新支撑平台的指导意见
	2015 年 11 月	国务院办公厅关于简化优化公共服务流程方便基层群众办事创业的通知
	2016 年 5 月	国务院办公厅关于建设大众创业万众创新示范基地的实施意见
	2016 年 9 月	国务院关于促进创业投资持续健康发展的若干意见
	2016 年 11 月	国务院办公厅关于支持返乡下乡人员创业创新促进农村一二三产业融合发展的意见
	2017 年 4 月	国务院关于做好当前和今后一段时期就业创业工作的意见
	2017 年 6 月	国务院办公厅关于建设第二批大众创业万众创新示范基地的实施意见
	2017 年 7 月	国务院关于强化实施创新驱动发展战略进一步推进大众创业万众创新深入发展的意见

项目	颁布年月	文件名称
国务院 有关文件	2018 年 8 月	国务院关于推动创新创业高质量发展打造"双创"升级版的意见
	2019 年 1 月	国务院办公厅关于推广第二批支持创新相关改革举措的通知
	2019 年 5 月	国务院关于推进国家级经济技术开发区创新提升打造改革开放新高地的意见
	2020 年 1 月	国务院办公厅关于支持国家级新区深化改革创新加快推动高质量发展的指导意见
	2020 年 2 月	国务院办公厅关于推广第三批支持创新相关改革举措的通知
	2020 年 7 月	国务院办公厅关于提升大众创业万众创新示范基地带动作用进一步促改革稳就业强动能的实施意见

从现有政策上看，对于推动"双创"发展的工作思路国家层面上首先考虑从打造和升级众创空间开始，有效整合现有资源，为创新创业提供低成本、便利化、全要素、开放式的众创空间服务平台，发挥支撑作用，其次，从政策环境、制度环境、金融环境、支撑平台以及公共服务体系等方面的改革创新着手，通过营造良好的"双创"生态环境，激励更多"双创"主体积极投身于创新创业活动中。建设一批高水平、高质量的大众创业万众创新的示范基地，形成一批可复制、可推广的双创模式和典型经验，发挥促改革、稳就业、强动能的带动作用。最后，推动创新成果向直接生产力转化，以创新促进创业，创业带动就业，让"双创"成为经济发展的新动力和新引擎。按照作用对象将"双创"政策主要分为以下四个方面。

第一，改革体制机制，给予"双创"更大的发展空间。政府首先进行了商事制度改革，推行"网上申报""多证合一""先照后证"等政策，推进全程电子化登记和电子营业执照应用，提高工商注册效率。其次，深入推进"放管服"改革，改变政府部门的管理方式，减少行政审批事项，简化优化办事流程，规范改进审批行为，提高政府服务水平。逐步清理并废除妨碍创业发展的制度和规定，打破地方保护主义，消除一些滥用市场支配地位的不正当竞争行为，为创业者营造公平竞争的市场环境。加强创业创新知识普及教育，把创业精神培育和创业素质教育纳入国民教育体系，增强人们对于大众创业万众创新的意识，同时破除人才自由流动制度障碍，建立创业创新绩效评价机制，让一批优秀的创业者脱颖而出。最后，"双创"政策还着重强调了对于知识产权保护机制的完善，研究商业模式等新形态创新成果的知识产权保护办法，加快完善知识产权快速维权与维权援助机制，尊重创新成果，消除成果转化过程中的障碍。

第二，强化支撑平台作用，促进"双创"发展。以众创空间为代表的孵化器、示范基地以及"四众"平台是"双创"的主要支撑平台和载体，可以很好地集聚资源促进"双创"主体的发展。①国务院多次发文专门针对众创空间的发展提出了众多指导意见，并且给予众创空间特定的政策扶持，例如对众创空间内的基础设施给予适当优惠，包括用房、用水、用能、用网等；对符合条件的众创空间可以纳入科技企业孵化器享受税收优惠，包括研发费用加计扣除以及固定资产加速折旧等税收政策；鼓励众创空间与天使投资和创业投资结合，为"双创"主体提供更多的资金来源；提升众创空间的服务水平，引进境外先进的孵化模式，为孵化主体提供专业化的指导，提升孵化能力。②政府对示范基地的建设秉持着分批推广、分类型建设的工作思路，根据国务院发布的示范基地名单显示，第一批和第二批示范基地共计 110 个，分为区域示范基地、高校示范基地以及企业示范基地。不同类型的示范基地建设重点不同，需要根据自身特点制定工作方案落实相应政策举措，强化支撑能力，放大标杆效应发挥带动作用。对于"双创"发展过程中的问题和障碍，鼓励示范基地探索创新、先行先试，支持示范基地内贯彻落实政府制定的各项改革举措，推广一批适应不同区域特点、组织形式和发展阶段的双创模式和典型经验，促进大众创业万众创新的发展。③"四众"平台即众创、众包、众扶和众筹，是基于互联网发展起来的创新创业新模式，能够实现多方参与的高校协同机制。具体政策包括鼓励专业空间、网络平台和企业内部众创、汇集大众智慧，激发创造活力；推广研发创意众包、制造运维众包、知识内容以及生活服务众包，以更高的效率满足生产和服务需求；实施社会公共众扶、企业分享众扶以及公众互助众扶，集聚合力发挥更大的扶持效果；鼓励开展实物众筹、股权众筹以及网络借贷的方式，在有效防控风险的前提下拓宽融资渠道。

第三，搭建服务体系，构建"双创"生态。除了以上的政府服务以及支撑服务外，"双创"政策还着力打造全方位的服务体系，为"双创"群体构建良好的生态环境。包括打造政策、信息集中发布的网络平台，增强"双创"政策的透明度，帮助"双创"主体更便捷、更全面地了解"双创"政策；大力发展第三方中介机构，提供专业化的管理、财务、法律、保险等方面的咨询服务；搭建"互联网＋"创业网络体系，促进"互联网＋"商业模式的发展，实现线上线下资源融合，降低创业成本；向全社会提供技术服务平台，开放国家重点实验室等国家级科研平台、科技基础设施、大型科研仪器和专利信息资源，为"双创"提供有力的技术支撑；鼓励开展各类创新创业活动以及创新创业大赛，营造创新创业良好氛围，推进创新创业理念更加深入人心。

第四，加大"双创"资源投入，激发"双创"主体动力。"双创"主体可以分为个人、小微企业以及有技术成果转化需求的个人和组织，不同主体的需求主要包含创新创业动力需求、资金需求以及财税优惠需求。

对于个人创业主体而言，政府重点针对大学生、返乡农民工、归国和境外人才、退役士兵提出不同扶持政策。①对于大学生创业，要求把创新创业教育和实践课程纳入高校必修课程，加强创新创业理论学习；推广创业导师制，提供创业指导和培训服务，帮助大学生完成创业项目；建立毕业生就业创业基金，对参与创业的毕业生给予资金补贴。②对于农民工返乡创业，发挥创业带动基层就业作用，鼓励利用互联网以及电子商务创业向基层延伸，根据地方特色，打造具有区域特点的创业集群和优势产业集群；完善基层创业支撑服务，返乡创业人员可在创业地办理社会保险，按规定将其子女纳入城镇居民基本医疗保险参保范围。③对于留学回国人才和境外人才来华创业，发挥他们的创业引领带动作用，引导和激励地方对回国创业高端人才和境外高端人才来华创办高科技企业给予一次性创业启动基金；在配偶就业、子女入学、医疗、住房、社会保障等方面完善相关措施；建立和完善境外高端创业创新人才引进机制，放宽境外高端人才来华创业办理签证、永久居留证等条件，为境外人才来华创业创造有利条件。④对于退役军人自主创业，加大培训和支持力度，根据个体特点引导退役军人向科技服务业等新业态转移。对于个人"双创"主体，资金需求量不是太大，政府对于其资金扶持主要体现在直接补贴以及提供贷款两方面。税收方面可以享受重点群体创业优惠政策，包括对登记失业人员、大学生创业和自主就业退役士兵从事个体经营的群体，可在 3 年内享受不同程度的税收减免扣除。另外，免征残疾人个人所得税，免除残疾人个体工商户的一系列费用。

对于小微企业，政府重点扶持了具备市场前景的互联网企业、高新技术企业、创业投资企业，以及一些国家新兴产业方向的小微企业。①从资金支持上看，一方面扩大创业投资，完善新兴产业创业投资体系，设立国家新兴产业创业投资引导基金和国家中小企业发展基金，不断扩大社会资本参与新兴产业创投计划参股基金规模；加强创业投资立法，完善促进天使投资的政策法规。拓宽创业投资资金供给渠道，建立一批新兴产业"双创"示范基地，引导社会资金支持大众创业；降低商业保险资金进入创业投资的门槛；放宽外商投资准入，鼓励外资开展创业投资业务。另一方面，拓宽融资渠道，优化资本市场，鼓励创业企业通过债券市场筹集资金；积极研究尚未盈利的互联网和高新技术企业到创业板发行上市制度，为企业自主融资提供更多机会；规范发展服务于中小微企业的区域性股权市场，支持股权质押融资；鼓励银行提高针对创业创新企业的金融服务专业化水平，对创业创新活动给予有针对性的股权和债权融资支持；丰富创业融资新模式，推动发展投贷联动、投保联动、投债联动等新模式，不断加大对创业创新企业的融资支持；支持互联网金融发展，引导和鼓励众筹融资平台规范发展；完善知识产权估值、质押和流转体系，支持知识产权金融发展。②从税收政策上看，加大财政资金支持和统筹力度，统筹安排各类支持小微企业和创业创新的资金，加大对创业创新支持力度。完善普惠性税收措施，对增值税小规模纳税人月销售额未达到 3 万元或季度销售额不超过 9 万元的小微企业，免征增值税；修订完善高新技术企业认定办法，对高新技术企业减按 15% 征收企业所得税；创业投资企业、天使投资个人投资初创科技企业满 2 年，可按照投资额的 70% 抵扣应纳税所得额。发挥政府采购支持作用，加大对创新产品和服务的采购力度，直接扩大需求。③从人才激励政策上看，充分激发人才创新创业活力，改革分配机制，引进国际高层次人才，促进人才合理流动，健全保障体系，加快形成规模宏大、结构合理、素质优良的创新创业人才队伍。完善高校和科研院所绩效考核办法，在核定的绩效工资总量内高校和科研院所可自主分配。事业单位引进高层次人员和招聘急需紧缺人才，可简化招录程序，没有岗位空缺的可申请设置特设岗位，并按相关规定办理人事关系，确定岗位薪资。实施社团创新创业融合行动，搭建创新创业资源对接平台，推介一批创新创业典型人物和案例，推动创新精神、企业家精神和工匠精神融合，进一步引导和推动各类科技人员投身创新创业大潮。

对于有成果转化需求的个人和组织，从激励科研人员创业和加强产学研合作两方面着手。①对于科研人员的成果转化动力激励，要求落实高校、科研人员等专业人员离岗创业政策，对经同意离岗的可在 3 年内保留人事关系，激励科研人员积极投身科技创业；完善创新型中小企业上市股权激励和员工持股计划制度规则，高新技术企业对本企业相关技术人员的股权激励可分期缴纳个人所得税；深化科技成果使用权、处置权和收益权改革，试点开展赋予科研人员职务科技成果所有权或长期使用权；创新科研人员评价机制，将科研人员在科技成果转化过程中取得的成绩作为职称评审、岗位竞聘、收入分配等的重要依据。②组织进行科技成果转化包含两大主体，一方是提供技术成果的科研院所和高等院校，另一方是将科技成果转化为现实生产力的企业，政府及其他中介机构在这个过程中发挥引导促进作用, 政府一方面引导科研院所和高校自愿提供其所研究的技术知识, 另一方面引导企业自愿吸纳科技成果或者主动与科研院所合作进行科技成果转化。发挥政府在开放创新平台搭建和政策引导中的作用, 凸显用户在创新进程中的主体地位, 推动 "产学研" 向 "政用产学研" 进化; 鼓励科研院所进一步开放现有科研设施和资源, 推动科技成果在全社会范围实现共享和转化。探索在战略性新兴产业相关领域建立科技成果限时转化制度, 部分财政资金支持形成的科技成果, 在合理期限内未能转化的, 可由国家依法强制许可实施转化。

1.2.2 "双创" 政策的趋势分析

基于以上对 "双创" 政策现状的分析可知, 我国对 "双创" 重视程度很高, 从多个方面提出了诸多改革举措, 其重点是针对 "双创" 主体进行的一系列扶持政策。然而, 部分政策在实施过程中往往会出现一些问题, 未来 "双创" 政策的制定将主要趋向于解决这些障碍。

体制机制改革是一项长期性工作, 意味着要改变原有制度的弊端, 朝着有利于 "双创" 发展的方向改进, 包括商事制度改革、深化 "放管服"、营造公平竞争的市场环境、创新人才流动与培养机制以及实施知识产权保护制度, 这些政策举措为 "双创" 营造了良好的制度环境, 形成政府激励创业、社会支持创业、劳动者勇于创业的新机制, 未来将会持续强化, 扩大覆盖范围, 加强政策落实和监管, 切实支持大众创业万众创新。

支撑平台和服务体系是促进 "双创" 发展的肥沃土壤, 然而支撑平台面临的企业需求多样, 存在的问题也不尽相同。由于支撑平台自身资源有限, 提供的指导和服务不够具有针对性和及时性, 从而在一定程度上影响了孵化企业的存活率, 因此未来支撑平台的发展将会朝着专业化和精细化的方向前进, 帮助创业企业更好地成长壮大, 各类服务平台也将提升自己的服务水平, 充分利用互联网信息共享的优势, 为 "双创" 主体提供便利。

对于 "双创" 主体的激励主要运用了金融和财税两大政策工具, 金融工具主要通过政府的引导资金吸引社会投资，但是目前随着经济下行压力的加大，财政资金的杠杆效应逐渐减弱，并且由于初创企业的高风险性，许多个人投资者倾向于投资相对成熟稳定的企业，导致各类创业投资引导资金和中小企业发展基金能够吸引的社会资本逐渐减少。因此未来"双创"有关金融方面的政策需要着重解决风险分摊问题，帮助个人投资者和风险投资机构降低风险或者减少损失，从而驱动他们向初创企业投资。另外，小微企业需要提高自身的抗风险能力以及融资能力，政府应当进一步降低小微企业贷款的门槛，或者为其提供担保，拓宽融资渠道，与此同时，优化互联网借贷平台，丰富融资模式，让资金能够更好地到达小微企业手中。截至2019年6月，针对创业就业主要环节和关键领域陆续推出了89项税收优惠措施，覆盖企业整个生命周期，越来越多的企业享受到税收优惠，未来政府将会逐步加强对特定企业和行业的扶持，重点针对小微企业和从事科技创新活动的企业，实现大众创业万众创新。

1.3 我国"双创"发展的问题分析

要实现"双创"，一方面需要引导更多的市场要素投入创业创新，另一方面就是要鼓励更多的市场主体参与创业创新。创业创新的核心市场要素包括资金要素和人才要素，而核心市场参与主体则包括个人主体和企业主体。"双创"发展的主要障碍也就归结为市场投入不足以及市场主体参与意愿不足。

市场要素投入不足体现在资金供给不足和高素质人才的缺乏上。第一，对于个人创业和小微企业的发展，前期的资金问题往往是决定性问题，对于大学生创业，国家有一定的免息贷款政策以及创业补贴，但是对于普通个人创业和小微企业而言，由于自身规模较小，缺乏有效的抵押资产或者第三方提供的保证，导致银行贷款往往数额较小并且具有较为严格的评估标准和较高的利息，然而对于从事技术创新的企业而言，这些资金明显不能满足前期发展的需要，由于一系列材料收集的要求和众多审批手续的存在，很多企业甚至撑不到贷款下放就宣布破产。另外，由于目前经济发展速度放缓和风险分摊机制的不健全，政府财政资金的引导效果减弱，针对小微企业发展前期的风险投资也逐渐减少。总体来看，初创企业的融资较为困难，资金供给不足成为制约"双创"发展的重要因素。第二，由于目前社会人才流动和培养机制的不健全，地域、户籍、学历等限制妨碍了人才自由流动。另外，现有教育体制不够完善，在一定程度上消磨了大学生的创新意识，造成理论和实践的脱节，培养出的大学生往往只了解某一方面的理论知识，缺乏充足的实践经验，导致企业缺乏高素质的综合型人才，例如一些技术型企业内部往往缺乏专业性的管理人才，造成组织涣散或者技术成果转化达不到预期效果，并且科研人员与企业之间的双向流动也存在一定障碍，制约了科研人员进行创业的想法。除此之外，我国目前关于"双创"人才引进的政策不够全面，地方人才引进政策差异较大，并且存在着实际可享受福利与政策宣传不符，或者享受门槛较高的现象。由此可见，各种体制障碍导致企业缺乏高素质人才，进而导致"双创"发展活力不足。

市场主体参与意愿不足包括个人创业动力不足和企业技术成果转化动力不足。个人"双创"主体主要集中在大学生创业上，对于大学生而言，一方面由于学校缺乏专业的创新创业教育，导致大学生的创新创业意识较为薄弱，另一方面由于学校缺乏专业性的指导和培训，许多大学老师科研能力较强但是对企业运行规律的把握不充分，不能为学生提供针对性的指导方案，另外，大学生群体本身抗风险能力较弱，启动资金往往都来源于家庭，社会对于创业失败群体的兜底保障也不到位，导致许多大学生害怕创业，既害怕创业过程中可能会遇到的各种问题难以解决，更害怕创业失败需要承担的巨大风险。对于企业进行科技成果转化行为，一方面通过激励科研人员创业，另一方面则是企业与科研院所或者高校进行合作，共同进行科技成果转化。由于目前我国知识产权保护制度的不完善，许多科研人员研发出的技术成果归所在单位所有。并且知识产权的价值评估体系也不完善，然而无形资产向商品化转化的过程中往往需要巨大的投入，科研人员自身没有足够的实力进行成果转化。另外部分科研院所机构不支持科研人员离岗创业，高校对老师的职称评审也是将教学质量和科研项目当作主要评价指标，一旦创业失败，将会面临巨大的工作压力，导致科研人员不愿放弃现状进行创业。对于企业与科研院所和高校之间的合作，最主要的障碍就是买卖双方的对接渠道不通畅，缺乏中介机构的专业性服务，有技术需求的企业难以找到合适的科研合作机构，而有着较强科研能力的高校、科研机构，又因缺乏成果转化能力，或者研发出的技术成果本身难以进行转化，需要投入大量的时间和资源，即使进行转化也可能达不到预期效果，导致企业为了规避风险而不愿意采纳其技术成果，进而导致双方成果转化意愿都不强烈。

2 "双创"风险与科技保险

2.1 "双创"风险的界定与特征

2.1.1 创新与创业的关系

"双创"即大众创业、万众创新，包含创业和创新。"创新"概念起源于经济学家熊彼特 1912 年在《经济发展概论》中的论述，他从经济学角度提出，创新是指把一种新的生产要素和生产条件的"新结合"引入生产体系，强调生产技术和方法革新对经济增长的作用。因此学术界普遍将创新视为工业时代的技术创新。21 世纪以来，信息技术革命引发了社会形态的深刻变革，从而推动面向知识社会的下一代创新，即创新2.0，从专业科技人员实验室研发出科技创新成果后用户被动使用，到技术创新成果的最终用户直接或通过共同创新平台参与技术创新成果的研发和推广应用全过程，强调以人为中心，以应用为导向的理念创新，大大拓宽了创新的概念范围。"创业"则是指在发现或者创造新事物的机会下，对能够拥有的资源进行整合优化，从而创造出更大经济或者社会价值的过程。

从二者关系上看,创新是创业的基础,创业是创新的延续。创新是创业的源头和动力,只有基于创新并且持续创新的创业才能真正发挥社会价值。创新后创业,表明了创新的方向和属性,认识的突破是为了更好地指导实践,创新应当以应用为导向,通过创业实现创新的市场化,进而带动就业,驱动经济发展。

2.1.2 "双创"风险的界定与特征

根据创新的类型不同,本节将"双创"鼓励的创新创业分为两类,一类是通过技术创新进行成果转化从而创业,另一类是基于商业模式的知识创新进行创业。风险是指在一定条件下和一定时期内,由于各种结果发生的不确定性而导致行为主体遭受损失的大小以及这种损失发生可能性的大小。真正意义上的创新正是对现有认知或现有技术进行"扬弃"或者再创造的过程,结果面向未来,存在着偏离原有预期的可能性,而创业是对创新结果市场化的行为,创新结果是否具有转化价值直接影响着创业行为的成功与否,因此创新和创业本身存在着固有风险。

当今学术界有关"双创"风险的研究,大多从"双创"背景下分别研究创新风险和创业风险,很少有学者直接分析"双创"风险。德国社会学家乌尔里希·贝克于 1986 年在《风险社会》中提出:风险本身不是危险或灾难,而是一种危险和灾难的可能性。本节基于以上对"双创"内涵的分析认为,"双创"风险是指大众在参与一种创造出新技术或者新理念,并且将其付诸实践或者转化为现实生产力,从而创造出更大经济或者社会价值的活动过程中,由于环境的不确定性,创新过程和创业机会识别的复杂性、企业经营的困难性和个人能力的局限性,导致创新结果达不到预期或者创业失败的可能性。由于"双创"类型不同,"双创"风险也分为技术型"双创"风险和非技术型"双创"风险,二者既有相似之处又有区别所在,相似之处在于两种风险都是由创新风险和创业风险组成,不同之处在于二者的创新风险和创业风险表现形式不同,以及不同阶段风险等级不同。

总的来说,"双创"风险就是指"双创"主体在进行创新创业过程中可能存在的各种创新风险和创业风险。风险具有随机性、相对性、可变性等基本特点，但是由于"双创"主体类型不一、项目内容不同、时间周期长以及不确定性高等特性，"双创"风险还具备损益双重性、相关性强、不确定性高和具有相对性等特征。

（1）损益双重性

"双创"风险的损益双重性表现在创新风险的损益双重性和创业风险的损益双重性上。技术创新项目普遍投入成本高，项目本身复杂程度高，存在很大的潜在风险，一旦研发失败损失非常严重，但是只要项目开发者成功研出一项高风险的技术，那么他获得的技术优势和市场上的相对垄断地位就越强，从而获得的收益也越大。创业过程依赖于前期有市场价值的创新结果，选择创业本身也存在着沉没成本，长期并且稳定地经营企业又是一项高难度的工作，经营不善破产后法人还可能背负高额债务，种种因素让创业成为"九死一生"的选择。但是巨大风险的背后隐藏着无限的市场前景和高额的利润空间，在竞争对手开始行动前，充分利用先行者优势把握市场机会，打造核心竞争力，在危机到来之前，稳固自己的市场地位，为自己赚到第一桶金。因此，"双创"风险既有不确定性带来的损失，又有克服风险之后带来的巨大收益，具有损益双重性。

（2）相关性

"双创"风险因素数量众多并且遍布创新创业流程，流程中各环节紧密度高，一个风险的触发可能引起多个相关环节也发生风险。例如在技术创新过程中，一个科研项目在研发过程中因某一技术难点无法攻克而触发技术风险，则势必会延长项目的开发时间，继而增大了项目的开发投入，如果项目开发者的后备资金不足，则会引起项目开发的资金风险，由于开发时间的延长，项目进入市场的时间推迟，可能会导致替代技术率先进入市场，从而导致竞争者增加，形成市场风险，无形中增加创业难度，项目独特性不够又不能为创业者吸引到后期资金，也就没有充足资源进行大规模投入技术，引发经营风险，最终收益不能弥补亏损导致创业失败。基于商业模式创新的创业行为如果前期没有充分进行市场调研作出可行性分析，很可能一开始选择的商业模式本身存在缺陷，引发决策风险，可行性分析不够意味着对市场需求的把握也不准确,企业的投入很难得到预期的收益效果,市场份额不足引发市场竞争风险,资金回笼速度缓慢引发资金风险,企业外部的损失追责到企业内部可能会导致创业团队之间发生分歧,产生信任危机,从而引发团队协调风险。

(3)不确定性高

创新是在现有实践基础上提高认识,创业是对更高层次认识的再实践过程,区别于现有实践和认识,"双创"是面向未知领域的实践,结果难以预测,"双创"风险也更难确定。由于"双创"涉及主体众多,过程复杂,"双创"风险可能会发生在创新创业各个环节上,风险发生时间和种类均不确定。

(4)风险具有相对性

"双创"风险的相对性主要表现在两个方面,一是"双创"风险具有主体相对性,不同"双创"主体的风险感知和受影响程度不同,对于个人和小微企业创新创业主体而言,资金风险往往是最具伤害性的风险。大学生创业启动资金通常来源于家庭收入,这类群体由于知识水平和能力有限,一旦资金链断裂,很可能直接导致创业失败。对于科创型小微企业,资金需求量大的同时对资金依赖性也高,前期大量的融资和贷款投入如果在后期不能实现预期收益,有可能为创业者带来负债风险。对于有技术成果转化需求的个人和组织,资金风险由购买技术的企业分摊,市场应用风险则成为较大阻碍,如果前期由于技术研发项目时间推迟导致市场需求发生变化,或者企业在运用技术成果时没有充分发挥应用价值,导致产品盈利效果不佳,都将会影响创业结果。二是同一风险对相同主体在不同的时间和状态下影响不同,对于大学生创业主体,启动资金风险往往比运营资金风险影响更大,前期由于项目不成熟并且缺乏有效抵押资产导致资金来源有限,没有资金投入直接抑制创业项目发展,后期项目开始盈利后可以尝试吸引风投或者向银行贷款,利用多渠道进行资金周转,弥补一时的资金空缺,避免企业破产。

2.2 "双创"风险的构成因素和图谱

按照"双创"模式将"双创"风险分为基于技术成果转化的"双创"风险和基于商业模式创新的"双创"风险。从定义上看，两类风险都由外部环境的不确定性、技术研发项目的复杂性、企业经营的困难性和"双创"主体能力的局限性引起，由于两种类型的"双创"流程不同，两类"双创"风险也由不同风险组成。

第一类"双创"风险分布在技术创新、成果转化和基于技术创新的创业过程中，主要表现为技术研发风险、成果转化风险和基于技术创新的创业风险。技术研发风险是指在实验室中进行技术创新项目研发过程中存在的风险，主要包含技术创新风险、资金风险和环境风险；成果转化风险是指技术成果从实验室到形成批量生产阶段存在的风险，由于技术本身原因或者需求环境变化导致技术无法成功转化引发的风险；技术创新创业风险是基于技术成果成功转化之后创业者整合资源形成商业化发展过程存在的风险，从购买技术开始到经营企业过程中由于各类因素引发的各种风险。

第二类"双创"风险集中在商业模式运行过程中，理论创新必须经过实践才能验证是否具有市场价值，因此这类风险中创业阶段的风险实际上还叠加了前一阶段创新过程的风险，具备的损害性更大。尤其是机会识别过程中的决策风险，一旦对商业模式判断失误，很可能直接导致创业失败。确定好商业模式和公司顶层设计之后，资源整合风险是指创业者在获取人、资金、技术过程中遇到的阻碍导致创业无法进行的风险。最后创业者在经营企业过程中也会遇到外部环境变动和市场竞争风险，内部产生财务危机或者涉及法律问题影响企业发展的风险。据"双创"风险成因及两类风险定义绘成"双创"风险构成因素图谱（见图2-1）。

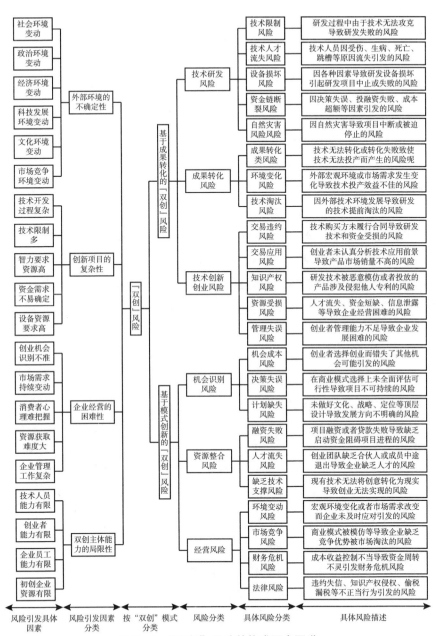

图 2-1 "双创"风险的构成因素图谱

2.3 科技保险的内涵与特征

2.3.1 科技保险的内涵

20 世纪 90 年代开始，国内就陆续有很多学者开始关注科技保险的研究。谢科范（1996）认为科技保险是以科技活动作为保险标识的险种。企业就某一科技活动向保险人投保，支付一定的保险金，一旦科技开发活动失败，则保险人向被保险人（企业）支付一定数量的赔偿金。张缨（2002）则认为科技保险是一大类防范技术创新（科技活动）风险的经济制度，它是为了科技活动能够顺利、安定进行，运用社会多数单位集体的力量，按大数定理作合理计算筹建风险基金，对科技活动中发生的风险予以补偿或给付，使其可以继续从事创新的经济活动。陈雨露（2007）将科技保险的概念定义为为了规避科研开发过程中由于诸多不确定的外部影响而导致科研开发项目失败、中止、达不到预期的风险而设置的保险。辜毅（2007）认为科技保险是对在高新技术创新过程中遭遇风险所造成的损失承担赔偿责任的新型保险品种，它对促进企业高新技术创新，掌握核心技术，提高核心竞争力有着不可估量的作用。邵学清（2007）认为，科技保险是指为了规避在研究开发、科技成果转化、科技产品推广等过程中，由于内部能力的局限和诸多不确定外部因素的影响，而导致科技活动失败、中止、达不到预期目标的风险而设置的保险。吕文栋、赵杨、彭彬（2008）认为科技保险是承保在企业技术创新过程中，由于项目自身和外部环境的影响，导致项目失败、终止或在规定期限内不能完成价值实现风险的一揽子保险的统称。并且根据创新阶段的不同将科技保险分为广义和狭义两类，狭义的科技保险承保的是科技创新过程中发明创新失败风险的保险，广义的科技保险承保的是发明创新和技术创新过程中的发明创新失败、知识产权侵权、成果转化失败、市场价值无法实现等风险的保险。孙珊（2008）认为科技保险就是把保险引入到科技创新之中，专事化解科技风险而创新出来的一个新险种。胡晓宁、李清、陈秉正（2009）综合以往文献将科技保险定义为科技保险是以与企业技术创新活动相关的有形或无形财产、人力资源、对第三方应承担的经济赔偿责任以及创新活动的预期成果为保险标的的保险,当发生了保险合同约定的保险事故造成投保人的损失时,由保险人根据约定给付保险金。张敏(2009)认为科技保险是指运用保险作为分散风险的手段,对科技企业或研发机构在研发、生产、销售、售后以及其他经营管理活动中,因各类现实面临的风险而导致财产损失、利润损失或科研经费损失等,以及其对股东、雇员或第三者的财产或人身造成现实伤害而应承担的各种民事赔偿责任,由保险公司给予保险赔偿或给付保险金的保险保障方式。邱兆祥、罗满景(2016)认为科技保险是保险公司为防范和化解科技企业在技术研发、成果转化、市场应用中可能出现的各类风险而设计开发的险种及其他支持方式的统称。

到目前为止,学者们普遍认同科技保险是为了规避科技研发过程中的各类风险而设置的保险统称,主要目的是为科技创新活动分摊风险和补偿损失。随着知识经济的发展和互联网时代的到来,创新一词的含义开始不仅仅局限于技术创新,也包含了以商业模式创新为主的知识创新。在国家大力推行"大众创业、万众创新"的背景下,创新和创业紧密联系在一起,知识创新更多地需要通过创业实践实现价值,"双创"风险与科技风险在特征和表现形式上也具有一定的相似性,因此本节尝试将科技保险的标的范围扩大,由原有的规避科技创新活动扩展到包括创新和基于创新的创业过程中可能存在的风险,即承保范围由科技风险扩展为"双创"风险,触发标识由原有的导致创新结果达不到预期扩展到包含创业结果不理想的"双创"失败。

2.3.2　科技保险的特征

在以往的研究中,科技保险的保险对象是科技风险,而科技风险与传统保险的可保风险存在较大的差异性,因此,科技保险与传统保险相比,具有明显的差异性。谢科范(1996)认为科技保险与一般的人身保险、财产保险不同,其受保对象——科技风险属于投机性风险,受主观风险和客观风险的双重影响;另外,在科技保险中,保险人对科技开发活动具有较强的参与性。任伟、胡安周（1997）认为科技风险属于投机性风险，同时还指出科技保险具有较强的专业性和较大的难度，标准难以把握。李优树（2000）指出科技保险与一般的人身保险以及企业的财产保险相比，具有难度大、技术性强、业务复杂等特点。邵学清、刘志春（2007）认为科技保险具有准公共产品特点，而且存在着明显的市场失灵。吕文栋等（2008）将科技保险的特殊属性概括为：集成性、弱可保性、正外部性和严重的信息不对称。曹国华、蔡永清（2010）认为科技保险具有弱可保性、高风险性、复杂性和正外部性。邵学清（2011）认为科技保险的本质特性在于：科技保险是科技与金融相结合的产物，是科技金融工具的创新；科技保险不是一般的商业性保险，而是特殊的政策性保险。综合众学者的观点，我们认为科技保险的特征主要表现在以下四个方面。

（1）综合性

科技风险集合了科技研发活动中的各种风险，涉及的风险主体也具有多样性，包括财产、人身、信用、技术等等。因此，以科技风险为标的的科技保险不可能只涵盖一种或一类险种。科技保险应该是涵盖与各种具体科技风险相对应险种的综合性保险。同时，由于科技风险具有多样化，其中包含有可保风险和不可保风险，故科技风险呈现"整体不可保、分解则可保"的性质，因此，科技保险只能是分解的科技风险中可保部分对应险种的综合体，不能成为一种整体性的险种。

（2）弱可保性

从保险条件的角度看，科技保险具有弱可保性。第一，作为科技保险的对象，科技风险是投机风险，而不是纯粹风险。研发主体之所以从事科技风险极高的科技活动，其目的在于通过科研活动获取先进的技术，并利用技术领先优势在市场中获得丰厚的利润。故而，从事科技活动除了出现项目失败的亏损结果外还可能出现项目成功的获利结果，因此，科技风险具有损失、不损失和获利三种可能，依照定义属于投机风险。根据经典的可保条件，可保风险必须是纯粹风险，科技风险不满足该条件。第二，科技风险与科技活动本身具有紧密的联系，科技活动的产业和技术基础均对科技风险具有重要的影响。因而同质性的科技风险数量十分有限。同时，我国目前对于保险监管力度较大，且我国再保险体系尚不完整，故又进一步减弱了同质性科技风险集聚的可能。但为了满足大数法则的要求，可保风险必须满足存在大量同质风险的条件，故科技风险与该可保条件，在目前条件下存在冲突。第三，科技风险受主观因素的影响。由于科研开发者的技术和管理能力以及科研项目的选择对科技风险具有重要的影响，而这两个影响因素分别与科研开发者以及项目决策者的主观因素有关。因此，科技风险受主观因素的影响。而根据可保条件，可保风险的发生必须是偶然的、客观的。因而，科技风险不能满足可保风险的全部条件，其可保性较弱，以其作为对象的科技保险具有弱可保性。

（3）外部性

科技保险具有推动科技发展的功能，表明科技保险对于社会经济具有正外部性。首先，科技保险为科技创新主体从事科技活动提供了重要的保障，从而提高了科技创新主体从事科技活动的积极性，同时提高了科技项目的成功率，进而推动了整个社会的科技发展和生产力水平。其次，科技保险完善了科技创新的支撑体系。目前，我国对于科技创新的支持体系主要包括资金支持和信息、技术支持。前者表现为风险投资和科技贷款，后者则表现为科技企业孵化器。但资金和信息、技术支持均无法解决高风险这一重要障碍。科技保险的出现有效地填补了这一缺陷，它为企业提供有效的风险管理咨询，在出现风险时对企业进行补偿，帮助企业抵御危机，从而有效地突破了高风险障碍，进一步完善了科技创新的支持体系。

（4）严重信息不对称性

信息不对称是保险的共性问题，也是道德风险和逆向选择产生的重要原因。而在科技保险中这一问题尤为严重。其原因有两个：其一，科技保险是针对科技活动过程设置的保险，而科技活动具有很强的专业性和复杂性，作为创新主体尚且只能依靠专业技术人员获取信息，那么保险公司获取科研活动的信息难度就更大了。由于科技活动具有保密性，目前保险公司只能通过投保人主动提供和保险公司内部的技术人员被动获取，前一种渠道容易引发道德风险，后一种渠道则需要大量相关技术人员，其培养成本极高，且难以实现。其二，科技项目之间存在巨大差异，因此保险公司很难通过经验和统计数据来进行有效评估，从而导致信息不对称性进一步增强。

2.4 科技保险在"双创"风险控制中的作用

根据"双创"风险图谱可知，"双创"风险是客观存在的并且种类众多，一旦发生可能会对企业造成难以承受的损失。科技保险作为一种在风险与收益对称原则下实现科技风险分摊的有效形式，在一定程度上也能帮助控制"双创"风险。具体表现为以下方面。

（1）保险公司分摊"双创"风险，减少企业风险损失

从"双创"风险的定义和构成看，"双创"风险涵盖了创新创业过程中可能存在的各种风险，具有很强的综合性和伤害性。在这些众多风险中有一些属于可控风险，如资金链断裂风险、资源受损风险、知识产权风险、计划缺失风险等，这些风险可以通过采用有效措施给予预测和规避，以防止风险的发生。但是更多的风险则带有不可控因素，例如由于不可抗力因素导致的技术人才流失和设备损坏风险、机会成本风险、缺乏技术支撑风险以及商业模式被恶意模仿的市场竞争风险等，这些风险很难有效预测和规避，此时如果企业提前投保了科技保险，便可以有效地分摊和转移部分风险到保险公司，由保险公司承担部分损失，避免企业需要负担大额赔偿款而直接破产。特别是对于一些影响"双创"发展的关键性环节，例如技术研发阶段以及机会识别阶段，一旦发生风险将会直接影响创业结果。如果能够有效分摊这些关键性风险，不仅能够保障创新创业的发展进程，还能增强"双创"主体的参与意愿。

（2）帮助企业加强风险监控，降低风险发生概率

目前科技保险的运行模式主要由"担保—理赔"型、"担保"型、"半参与"型和"全参与"型。前两种运行模式受道德风险和逆向选择影响较大，企业会因保费较高而放弃投保，保险公司也会因为风险过大而不

愿意承保。在后两种运行模式下，保险公司在分摊风险的同时也可以获得部分收益，企业与保险公司在一定程度上形成了"利益共享、风险共担"的共同体，双方在追求自身利益最大化的前提下共同避免风险发生。对于大学生这类个人"双创"主体而言，风险意识薄弱并且抗风险能力低，即便是一个弱小的危机也有可能让创业成果功亏一篑，因此，通过投保科技保险能够提高创业企业对风险的重视程度，最大限度地降低企业发生风险的概率。保险公司在投保前会对企业进行全面的风险评估，确认投保后也会派出专业人员时刻监督和控制企业经营状况，和企业共同设置一系列风险预警和风险化解机制，帮助企业第一时间识别风险并及时止损。同时，有了保险公司的监控，企业也可以将更多精力放在经营业务上，提高营业收入，帮助企业与保险公司共同获益。

（3）增加资金投入，避免发生资金短缺风险

对于成果转化型"双创"而言，技术成果转化为生产的过程中不确定因素众多，并且需要大量的资金支持，此时如果企业选择"担保"型科技保险，由保险公司为企业贷款担保，不仅可以帮助企业解决资金问题，保险公司也能获得保费收入，银行也能增加业务收入，形成"各取所需、风险共担"的保险体系。对于商业模式创新型"双创"而言，创业者的创意要靠资本支持才能显现其是否具有价值，然而目前我国知识产权体制尚未完善，商业模式难以作为抵押资产帮助创业者贷款，但是如果创业者选择投保"全参与"式科技保险，保险公司作为风险投资者参与项目，既可以为创业企业注入资金又能帮助企业有效控制风险，推动项目顺利进行，避免发生常见的创业项目前期因为资金短缺风险而夭折的情况。另外，企业投保科技保险也能在资本市场上发出一种信号，表明自身企业进行过必要的评估，并且采取了必要的风险转移措施，提升项目吸引力，帮助企业在资本市场吸引到更多的风险投资。

3 我国科技保险发展历程研究

3.1 我国科技保险的发展历程和产生背景

当代经济和科技的迅猛发展，尤其是高新技术产业的迅猛发展，使得产品生命周期日益缩短，市场竞争日趋激烈，科技开发的难度也日益加大。科技创新的高风险性质导致科技创新企业的整体成功率很低。据欧洲投资银行 20 世纪 90 年代的统计分析，技术创新在研究与开发阶段的失败率为 70% 左右，在创新企业开始阶段的失败率为 30% 左右；据日本科学技术与经济会的统计，日本企业科技开发项目在技术阶段的失败率为 85.5%，生产阶段的失败率为 37.5%，市场阶段的失败率为 11.4%，即整体成功率仅有 7% 左右[①]。科技风险存在于科技活动的各个环节，不同程度地影响着科技人员的创新意识，尤其是在自主创新型企业中更为明显。规避科技创新风险，推动科技创新发展，科技保险势在必行。

20 世纪四五十年代，为分散（或转移）企业技术开发风险，科技保险应运而生。科技保险最初仅限于技术贸易环节的信誉与合同保险以及与技术开发活动有关联的常规保险，如财产保险等，随后逐步发展到研究开发项目保险。

2006 年，《国务院关于保险业改革发展的若干意见》（国发〔2006〕23 号）中指出，应"健全以保险企业为主体、以市场需求为导向、引进与自主创新相结合的保险创新机制"。这是我国政府首次明确提出鼓励发展科技保险，是我国开展科技保险工作的指导性文件，标志着我国科技保险的正式启动。

---

① 数据来源：［学术网文］议中小企业财务风险（https：//www.xzbu.com/8/view－11368706.htm）。

2006 年底,保监会发布了《关于加强和改善对高新技术企业保险服务有关问题的通知》(保监发〔2006〕129 号),确定了科技保险的第一批险种,即高新技术企业产品研发责任保险、关键研发设备保险、营业中断保险、出口信用保险、高管人员和关键研发人员团体健康保险和意外保险6 个险种,并确定由中国出口信用保险公司和华泰保险公司作为试点承办。

2007 年 7 月,《关于确定第一批科技保险创新试点城市的通知》(国科发财字〔2007〕427 号)确定重庆市、天津市、北京市、武汉市、深圳市和苏州国家高新区为第一批科技保险创新试点城市(区),同时将中国平安人寿保险股份有限公司经营的高新技术企业特殊人员团体意外伤害保险和新技术企业特殊人员团体重大疾病保险列为高新科技研发保险险种。

2008 年 1 月,批准中国人民财产保险股份有限公司经营科技保险相关业务(《关于中国人民财产保险股份有限公司试点经营科技保险业务的批复》保监发改〔2008〕190 号),包括高新技术企业产品研发责任保险、高新技术企业关键研发设备保险、高新技术企业营业中断保险、高新技术企业财产保险、高新技术企业产品责任保险、高新技术企业产品质量保证保险、高新技术企业董事会监事会高级管理人员职业责任保险、高新技术企业雇主责任保险、高新技术企业高管人员和关键研发人员团体健康保险、高新技术企业高管人员和关键研发人员团体意外保险、高新技术企业环境污染责任保险、高新技术企业专利保险、高新技术企业小额贷款保证保险、高新技术企业项目投资损失保险,使中国人民财产保险股份有限公司成为第四家指定经营科技保险业务的公司。至此,科技保险险种由第一批确立的 6 个发展到 15 个。

2008 年 8 月,《关于确定成都市等第二批科技保险创新试点城市(区)的通知》(国科发财〔2008〕521 号)确定成都市、上海市、沈阳市、无锡市和西安国家高新区、合肥国家高新区为第二批科技保险创新试点城市(区),科技保险试点城市(区)达到 12 个。

此后,各省市也相继颁布了一系列政策,并充分利用省内报刊、科技杂志、高新管委会网站、科技工作会议等渠道,全面推进试点工作,为支持科技保险营造了良好的政策环境。社会各界对科技保险的认识不断提高,科技保险业务也取得了从无到有的突破性进展。面对金融危机的影响,我国科技保险试点工作的开展,在化解企业高新技术研发及市场开拓风险、激励自主创新方面发挥了积极的促进作用,为企业的发展撑起了一把牢固的"保护伞"。至 2010 年底,我国科技保险已经覆盖了 18 个省区市,2010 年科技保险的收入为 22 亿元左右,保额将近 1 000 亿元,赔付额达到 18 亿元。从试点城市看,北京、天津、重庆、无锡的业务发展情况较好,商业性保费收入位居前列。北京市科委成立了科技金融促进会,为保险公司和科技企业搭建了良好的沟通平台;天津指定天津市高新技术成果转化中心、重庆指定重庆市生产力促进中心作为科技保险的专门服务机构,具体负责科技保险补贴资金申请、审查等工作;无锡市将财政补贴资金提高至 200 万元,当地科技保险业务发展迅速。

2010 年 3 月,为进一步发挥科技保险的功能作用,支持国家自主创新战略的实施,科技部与保监会联合发布《关于进一步做好科技保险有关工作的通知》(保监发〔2010〕31 号)(以下简称《通知》),科技保险的市场准入条件、推广范围进一步拓宽。科技保险将不再局限于 12 个科技保险创新试点地区,而是惠及所有科技企业;科技保险服务领域将允许进一步拓展,可以在科技型中小企业自主创业、融资、企业并购等方面提供保险保障;承保科技保险的公司也将进一步开放,而不再只是现有的 4 家。此次《通知》的发布意味着科技保险将由试点进入常态化发展,全面为企业自主创新保驾护航。

2010 年 12 月,科技部与中国人民银行、银监会、证监会、保监会联合发布《促进科技和金融结合试点实施方案》,再次强调应进一步加强和完善科技保险服务,不断丰富科技保险产品,完善保险综合服务,鼓励各地区开展科技保险工作,为今后科技保险的发展提供方向。

2013 年 8 月,保监会发布《关于保险业支持经济结构调整和转型升级的指导意见》提出:①保险产品创新要支持具有市场前景的先进制造业、战略性新兴产业、现代服务业等重点领域;②构建针对小微企业的保险服务体系;③鼓励保险公司根据科技企业的风险特征和实际需求,为科技企业的自主创业、融资、企业并购以及战略性新兴产业供应链等方面提供全方位保险支持；④加大对科技人员的保险服务力度，分散科技人员在研发、生产过程中的风险；⑤建立健全首台（套）重大技术装备的保险风险补偿机制，促进高新技术企业创新和科技成果产业化；⑥支持符合条件的保险公司建立专门服务于科技企业的保险机构，为科技企业提供更具针对性和专业性的保险产品服务。该文件指出要积极发展科技保险，支持实施创新驱动发展战略，并且较为全面地提出了科技保险在行业、企业、人员、产品、中介机构等方面的具体发展方向，为科技保险的创新发展提供了新思路。

2015 年 7 月，保监会与天津市人民政府共同发布《关于加强保险业服务天津自贸试验区建设和京津冀协同发展等重大国家战略的意见》并提出："加大对科技保险支持力度，大力开发涉及技术转移、自主研发、专利技术、知识产权等领域的专属保险产品。推广国产首台首套装备的保险风险补偿机制，促进企业创新和科技成果产业化。"2015 年 12 月，保监会在《关于保险业服务京津冀协同发展的指导意见》中继续提出"创新发展科技保险，为科技企业的自主创业、融资、企业并购等提供全方位保险支持，服务京津冀创新驱动发展战略"。2016 年保监会印发《中国保险业发展"十三五"规划纲要》，提出要"加快发展科技保险，推进专利保险试点，为科技企业自主创新、融资、并购等提供全方位的保险服务。"这些政府文件均表明政府开始重点着眼于让科技保险服务于科技企业技术创新全阶段，具体可以通过推进专利保险试点，从而为科技企业提供全方位的保险服务支持。

2020 年，银保监会在《关于推动银行业和保险业高质量发展的指导意见》中提出，"鼓励保险机构创新发展科技保险，推进首台（套）重大技术装备保险和新材料首批次应用保险补偿机制试点"。旨在落实科技保险创新举措，推动保险业高质量发展。

除了以上从宏观层面提出对于科技保险工作的要求外，政府也不断从现实层面加大对科技保险的支持工作。目前市场上科技保险的运行模式表现为"政府引导商业运作"。政府通过出台相关政策来搭建科技保险体系，对科技保险进行制度供给和险种设计,特别是不少地方政府通过制定税收优惠政策和财政补贴政策对科技保险业务给予支持,积极引导科技企业通过投保的方式将自身所面临的科技风险转移给保险公司。例如,北京市(2010 年)出台针对在京注册的国家级高新技术企业承担重大科技创新项目在购买科技保险后,可以获得 50% 的保费补贴,单个企业年度累计补贴上限为 10 万元;市科委支持的一般项目及其他高新技术企业购买科技保险后,保费补贴比例为 22%,年度累计补贴上限为 10 万元。成都市(2012 年)对于部分认定类企业重点引导类险种补贴比例为 60%,一般引导类险种的首年补贴比例为 40%,后续年份为 20%,单家企业年度补贴总额不超过 20 万。广州对关键研发设备保险等 6 个险种给予 60% 的保费补贴,其余科技保险给予 30% 的保费补贴;湖南长沙市对本市注册的科技型企业购买经认定的首台(套)产品所投科技保险给予保费补贴,最高为100 万元等;江苏当地政府对科技保险保费给予补贴,最高补贴比例达到60%,并且苏州、南京两地已建立起政府与银行保险风险共担的风险补偿机制,各试点地区根据自身需求和实际情况分别出台相应政策推动当地科技保险发展①。截至 2016 年底,科技保险的保费收入 77.66 亿元,占全国原保费收入 3.1 万亿元的 0.25%,为中国科技型自主创新企业提供风险保障 1.03 万亿元,同比大幅增长 631.25%。

3.2　科技保险的市场现状

国内部分学者对科技保险市场现状进行了研究。彭志文、宋旺(2010)通过对中关村高新技术企业的实证研究,发现科技保险市场目前仍存在很多问题:科技企业对科技保险的认识十分有限;科技企业投保试点险种的积极性不高;保险公司提供的科技保险产品和服务无法满足市场

---

① 数据来源:张祥祯、易靖韬、赵扬、吕文栋. 结构性科技保险财政激励机制研究 [J].科学决策,2016.

需求；中介机构在科技保险发展过程中的作用未能充分体现；政府支持政策的效果低于预期。冯海昱、任立（2010）指出我国科技保险市场还存在现有险种设置不合理、政府对补贴对象限定较多、高新技术企业投保不踊跃、保险公司认识不足且盈利有限等问题。邵学清（2011）指出新时期，科技保险需求市场呈现新的特点：险种需要提升"科技"含量；承保标的需要向创新链的后端延伸；科技保险功能需要向创新融资等领域拓展。此外，王香兰、李树利（2009）、吴应宁（2010）、黄英君等（2012）提出，有效需求、有效供给均不足、缺乏科技保险专业人才、政府支持力度有待加强、道德风险问题等也是我国科技保险发展面临的问题。赵俊英（2012）认为科技保险目前处于供需双冷的局面，具体包括：市场需求有限、品种有限、科技保险业务有待拓展、配套措施有待完善等。刘坤坤（2012）通过梳理各地科技保险试点情况并基于对广东省的实地调查认为，目前科技保险的推广存在着政策落实不力、产品创新不足和宣传工作不到位的问题。肖天明（2013）从企业需求障碍角度提出目前科技保险市场中企业存在认知障碍、资金障碍、属性障碍、信任障碍和险种障碍，导致政府激励效果有限。朱华琳（2014）则提出企业通过科技保险获取风险保障还存在着供给障碍、需求障碍和匹配障碍。李启才、顾孟迪（2015）认为由于信息不对称、数据缺乏等原因导致市场上科技保险定价困难，在一定程度上阻碍了科技保险的发展。何绍慰（2015）分析了科技保险制度运行成本对其社会福利效应的制约，提出运行成本居高不下原因主要是科技保险本身的复杂性、专业人才匮乏、缺乏规模优势及保险意识不强。丁一珊（2016）认为科技保险在实践方面存在诸多问题，例如：保险的试点险种范围还比较窄，品种不够丰富；财政激励方式单一，受惠企业范围较窄；科技保险出险率高，赔付金额大。张祥祯（2016）、李亚青（2018）指出目前我国科技保险发展陷入供给不足、需求低迷的两难困境。任辉（2019）认为科技保险陷入了"叫好不叫座"的尴尬境地，并且指出这是由制度供求不平衡造成的。

　　虽然从 2006 年起政府连续出台相关政策支持科技保险的发展，如保费补贴、税收优惠、参保科技项目优先立项等，使科技保险从试点阶段逐步走向了全面推广阶段；2010 年之后，政府鼓励保险公司根据科技行业不同特点和实际需求创新科技保险产品，表明我国科技保险的发展由补贴推广阶段转向了险种创新阶段，然而从总体上看我国科技保险陷入"供需双冷"的局面，实际运行效果不太理想，其原因在于以下三个方面。

（1）科技企业认知有限投保意愿不足

科技保险是由我国学者针对本国具体国情和实际情况率先提出的，国外并没有"科技保险"的概念，从而也缺乏较为成熟的经验借鉴，因此科技保险自 2006 年推行以来，一直处于不断摸索着前进的过程。从试点工作开启到全面推广的过程中，各级政府和试点单位都高度重视，组织开展了不少的宣传活动。但是由于宣传方式的不当以及部分企业敷衍应付的态度导致科技企业对科技保险的认知非常有限，对科技保险的潜在作用也未能充分了解，并且部分领导者风险意识薄弱，风险认知能力不强，同时，大部分科技企业前期都处于高投入低回报的阶段，大量资金都用于技术研发和成果转化，而科技保险保费由于各种原因居高不下，即使领导者知道有风险也不愿意付出高额成本去抵抗风险。虽然政府不断出台各类政策帮助科技企业减轻负担，主要包括资金补贴和税收优惠政策，但是不同行业的科技企业需求具有异质性，政策效果并不是很好，而且补贴政策容易让科技企业形成依赖性，并且由于道德风险和逆向选择的原因，部分科技企业并不是真正想靠投保分摊风险。税收政策限定性条款较多，门槛较高，地方政府补贴力度也不大，打消了部分科技企业投保的积极性。

（2）科技保险存在明显的市场失灵

20 世纪，世界各国先后加大了对科技的投入，把科技的发展提升到国家战略的地位，而伴随着科技的发展，创新活动面临的风险也越来越突出。在此期间，保险公司和保险业也取得了长足的发展。但事实上，作为承接风险的保险公司并未积极地拓展科技领域的保险市场，即使是科技与保险相当发达的美国，其有关科技的保险也未全面展开。原因有如下几点：第一，保险是基于大数定理的一种商品，保险公司之所以愿意经营保险,是因为事故发生的概率往往比较小,而科技活动受诸多因素影响,失败或者事故发生的频率远远高于一般商业保险所能承受的范围;第二,高新技术企业产品开发、生产销售的整个过程高度专业化,加上其他复杂多变的风险因素,商业保险机构很难对高新技术企业运营风险作定量分析,因而难以确定保险条款与厘定费率;第三,开发保险新产品和开发工业品一样,也需要大量的人力和物力成本,而保险险种和承保方式很容易复制,如果一家保险企业开发出来,可能其他保险企业就能轻而易举地坐享其成;第四,科技保险是一个崭新的领域,为开发这项业务,保险公司要重新设计承保、理赔流程,制作新的产品手册,改造原有 IT 管理系统等。正因为这些原因,这类涉及面广又极其重要的保险一直未被商业保险公司所青睐。

(3)科技保险中介机构缺失

除了科技企业和保险公司的参与之外,科技保险的运作还需要众多要素参与,但就目前来看,还存在着许多重要因素的缺位,其中最主要的就是第三方科技保险中介机构的缺失。保险中介机构与科技保险发展密切相关,专业的科技保险中介机构不仅可以针对科技企业的具体需求,运用专业优势,为其提供专业的保险计划和风险管理方案,还可以为科技企业选择适合的保险公司,搭好企业和保险公司之间的桥梁。对于保险公司而言,中介机构还可以对投保标的项目出具权威技术评定报告,保险公司以此为基础决定是否承保,进而进行风险评定、费用厘定以及核保理赔。但是目前我国并没有类似的科技保险经纪公司,导致科技企业风险管理能力较弱并且与保险公司之间存在匹配性障碍。现存的整个保险中介行业对科技保险的支持政策和配套措施、新险种开发和业务模式创新以及市场的拓展等方面都未发挥出应有的作用。

3.3　科技保险的险种现状

2006 年,保监会发布的《关于加强和改善对高新技术企业保险服务有关问题的通知》确立了第一批科技保险的 6 个险种,即高新技术企业产品研发责任保险、高新技术企业关键研发设备保险、高新技术企业营业中断保险、出口信用保险、高新技术企业高管人员和关键研发人员团体健康保险、高新技术企业高管人员和关键研发人员团体人身意外伤害保险。科技部于 2007 年和 2008 年，分两批确定了北京、天津、重庆、深圳、武汉和苏州国家高新区 6 个市（区）为首批和上海、成都、沈阳、无锡及西安国家高新区、合肥国家高新区被批准为第二批科技保险创新试点城市（区），平安养老保险公司和人保财险公司也相继获得经营资格，并增加了第二批 9 个险种，分别为高新技术企业财产保险、高新技术企业产品责任保险、高新技术企业产品质量保证保险、高新技术企业小额贷款保证保险、高新技术企业环境污染责任保险、高新技术企业专利保险、高新技术企业项目投资损失保险、高新技术企业董事会监事会高级管理人员职业责任保险、高新技术企业雇主责任保险，至此科技保险险种数目达到 15 个。之后在政府的支持下，保险公司不断创新科技保险产品，大力开发新险种，例如 2017 年成都市共认定 22 家保险公司共 257 个科技保险险种；2020 年 11 月，云南省科技厅印发《云南省科技保险险种保费补助资金实施细则》，在 15 类险种下又列出了不同保险公司推出的共 103 个具体险种。

3.4　我国科技保险的运作问题分析

目前，我国科技保险经过 8 年的大力推行，已经由补贴推广阶段逐步进入了险种创新阶段。随着科技保险发展进入新的阶段，尤其是"双创"政策的推行，市场对科技保险发展提出了新的需求，始终依靠保费补贴推动发展的科技保险已经无法满足高速、可持续发展的要求。因此，分析问题，突破障碍，满足创新、创业新需求是我国进一步发展科技保险的关键。

3.4.1　我国科技保险运作存在的主要问题

根据我国科技保险整体发展统计数据和科技保险典型城市——武汉市

的科技保险发展统计数据，结合科技保险的运作现状调研结果，我国科技保险发展的主要问题表现在以下三个方面。

第一，险种发展严重失衡。这是目前表现最为显著的一个问题。武汉市统计分析显示，财产保险、出口信用保险和团体健康意外险三种险种保额占科技保险总保额近 90%，而剩余的 12 种险种仅占约 10%。武汉市作为全国第一批科技保险试点城市，具有较强的典型性，通过武汉市的统计分析结果可以窥见全国科技保险险种发展失衡的现状。

第二，存在较强的补贴依赖性。调研结果表明，企业对于科技保险的补贴变化敏感性较高，而对于科技保险的技术创新推动作用认识不足。对于必须投保的险种（在不补贴时企业也因政策规定或行业要求进行投保），企业会因为保费补贴而提高保额，而对于以前没有尝试过的新险种，企业仍旧敬而远之，即便偶尔尝试也是政府补贴和宣传的短期结果，持续投保的企业较少，部分企业甚至将科技保险与保费补贴相联系，从而造成科技保险具有较强的补贴依赖性。

第三，科技性体现不足，险种无法满足需求。我国科技保险险种由最初的 6 个扩展为 15 个，虽然近期政府已经放开了对于险种的管控，允许并鼓励保险公司进行险种创新，但目前的科技保险险种构成仍然以改进后的传统保险为主体，对技术创新有实质性推动和保障作用的险种较少，且投保额也较低。新险种投保保额较低，并非不存在需求，调查结果表明，我国市场中存在大量的科技保险新险种需求，现有新险种之所以受到冷遇，其根本原因在于险种所保标的与其需求预期存在距离，且保费过高。而巨大的需求潜力，却未能激发保险公司进行险种创新的积极性，目前，我国科技保险险种创新呈现滞缓状态，新险种开发数量少，进入市场缓慢，完全无法满足市场需求。

基于以上具体表现，从我国科技保险运作的三方参与主体角度出发，我国科技保险运作存在的问题可以归结为企业需求问题、保险公司的保险操作问题以及政府的政策制度问题，也正是这些问题的存在阻碍了科技保险的发展。因此，将科技保险运作的问题总结为三个维度：制度性维度、需求性维度和操作性维度。

制度性维度是指组织、政策和政策执行方面存在的不完善性给科技保险运作造成的困难。科技保险运作的制度性维度主要包括三个方面：组织方面、政策制定方面和政策执行方面。组织方面主要是指由于组织间沟通、统一管理和协同机制不完善而导致组织不协调，进而影响科技保险的运作和科技保险政策的贯彻实施；政策制定方面主要是政策的合理性和科学性，政策体系是否完善，政策工具是否完备、全面等等；政策执行方面主要包括执行力度和执行效果两个方面，执行力度是指政策贯彻实施的程度，执行效果则是执行力度和政策制定合理性的综合表现，是政策的最终实际效果，即政策相对人对政策的满意程度。

需求性维度是指需求与供给之间的差异所造成的科技保险运作困难。供需之间的差异主要体现在三个方面：对产品特质的供需差异、对产品量的供需差异和对产品价格的供需差异。针对科技保险，对产品特质的供需差异主要是险种的供给是否能够满足需求，即险种需求满意程度；对产品量的供需差异主要是保险公司的承保量是否能够满足企业的全部需求，即保险供给量满意度；对产品价格的供需差异主要是科技保险的保费价格是否合理，而价格的合理性在无政府强制干预下，主要取决于市场竞争，因而市场竞争是否充分在一定程度上直接决定科技保险价格的合理性。

操作性维度是指由科技保险弱可保性引起的科技保险在费率厘定、签约、损失调查、理赔等过程中的运行困难。操作性维度主要出现在科技保险运作过程中的四个过程中，包括精算过程、签约过程、损失鉴证过程和承保后的风险控制。精算过程主要是同质风险的集聚困难所引起。签约过程困难主要是科技保险契约缔结失败而引发的科技保险运作困难。损失鉴证过程困难主要是因风险损失调查、确定困难而引发的科技保险运作困难。

3.4.2　我国科技保险运作问题因素的结构方程分析

3.4.2.1　科技保险运作问题指标体系与结构方程模型假设

基于科技保险运作问题分析，科技保险的运作问题主要是三个维度：

制度性困难、需求性困难和操作性困难。根据各维度的分析可以构建科技保险运作问题指标体系如表 3 - 1 所示。

表 3 - 1 科技保险运作问题指标体系

目标	维度	指标
科技保险运作问题	制度性困难	组织因素
		政策合理性因素
		政策执行力度因素
		政策满意度因素
	需求性困难	险种满意度因素
		保险供给满意度因素
		保险市场竞争因素
	操作性困难	精算因素
		签约过程因素
		损失鉴证因素
		风险控制因素

对于科技保险运作问题的实际状况,即发展程度的描述可以由三项指标展开:总体发展趋势指标、供给发展趋势指标、需求发展趋势指标。

基于以上指标分析,本研究需要验证三维度与其程度之间的因果关系。而结构方程模型是一种建立、估计和检验因果关系模型的多元统计分析技术,整合了因子分析、路径分析和多重线性回归分析等方法,由于其可以很好地处理多个因变量之间的关系,因而可以用于本研究的因素关系分析。

基于科技保险运作问题指标体系、科技保险运作问题描述指标和结构方程基本原理,可以构建如图 3 - 1 所示的结构方程假设模型。

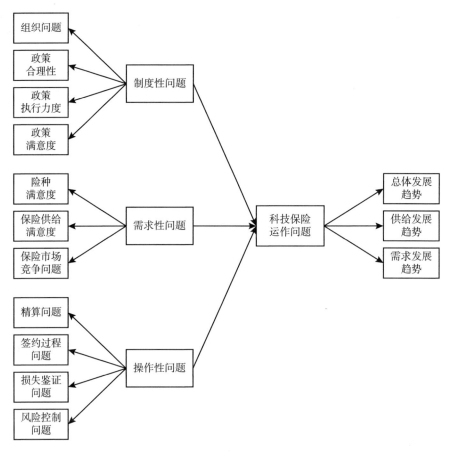

图 3 - 1　结构方程假设模型

如图 3 - 1 所示，科技保险运作问题因素的三个维度与运作问题之间存在因果关系，而科技保险运作问题被总体发展趋势指标、供给发展趋势指标、需求发展趋势指标三项具体指标所描述。

3.4.2.2　问卷设计与数据收集

本研究采用里克特七等级问卷量表作为测量工具，问卷设计以科技保险运作问题指标体系和科技保险运作问题描述指标为基础，以其指标层的14 项指标为基础设计问卷，每项指标对应设计一个问题，共计 14 个题项。问卷采用标准七点量表，1 为完全不同意和完全不认可，2 为很不同意和很不认可，3 为比较不同意和比较不认可，4 为无所谓，5 为比较同意和比较认可，6 为非常同意和非常认可，7 为完全同意和完全认可。

课题组发出问卷 300 份，回收 282 份，有效问卷为 276 份，问卷有效回收率为 97.87%。本问卷的调查对象由三个部分构成：武汉市科技局、有科技保险险种的保险公司、投保科技保险的企业。

3.4.2.3 探索性因子分析与信度、效度检验

在对问卷调研数据进行分析之前，首先要对量表进行信度和效度检验。运用 SPSS19.0 中的信度分析对量表的信度进行检验。对整个量表的信度分析表明，Cronbach's α 值为 0.789，表明该量表具有较高的信度。为了进一步确定各指标之间的关系，寻找三个维度公因子，对数据进行探索性因子分析。利用 SPSS19.0 对全部 14 个科技保险运作障碍因素进行分析。由统计结果得知取样适当性系数 KMO 值为 0.740，表示变量间的共同因素很多，适合进行因子分析。此外，从 Bartlett's 球形检验的值为 2 253.309，自由度为 91，达到显著，说明母群体的相关矩阵间有共同因素存在，适合进行因素分析。本研究采用最大似然法作为因子的抽取方法，选择最大方差旋转 Varimax 方法获得更加清晰的因子解，从而对 14 个科技保险运作障碍因素进行主成分因子分析，经过 SPSS19.0 计算发现，大于 1 的特征值有 4 个，进而采用方差最大化正交旋转，旋转后因子负载截取点为 0.5，对在任意因子上负载都低于 0.5 或在多个因子上负载大于 0.5 的题项进行剔除经过反复剔除和计算，14 个题项收敛为 4 个因子，且每个题项的因子负载均大于 0.5。适当性系数 KMO 和 Bartlett's 球形检验的值如表 3-2 所示，其解释的总方差如表 3-3 所示，旋转成分矩阵如表 3-4 所示。

表 3-2　KMO 和 Bartlett 球形检验

取样足够度的 Kaiser - Meyer - Olkin 度量		0.740
Bartlett 的球形度检验	近似卡方	2 253.309
	df	91
	Sig.	0.000

表 3 – 3　　　　　　　　　　　　　解释的总方差

成分	初始特征值			提取平方和载入			旋转平方和载入		
	合计	方差的%	累积%	合计	方差的%	累积%	合计	方差的%	累积%
1	4.596	32.825	32.825	4.596	32.825	32.825	3.344	23.886	23.886
2	2.737	19.551	52.377	2.737	19.551	52.377	2.639	18.852	42.738
3	1.540	11.003	63.380	1.540	11.003	63.380	2.322	16.588	59.326
4	1.273	9.094	72.473	1.273	9.094	72.473	1.841	13.147	72.473
5	0.783	5.595	78.068						
6	0.691	4.938	83.007						
7	0.625	4.464	87.471						
8	0.419	2.996	90.467						
9	0.376	2.684	93.150						
10	0.297	2.119	95.269						
11	0.234	1.673	96.943						
12	0.179	1.280	98.222						
13	0.159	1.138	99.360						
14	0.090	0.640	100.000						

注：提取方法：主成分分析。

表 3 – 4　　　　　　　　　　　　　旋转成分矩阵 a

	成分			
	1	2	3	4
V1	0.658	−0.008	0.134	−0.060
V2	0.916	0.172	0.076	−0.129
V3	0.865	−0.073	0.141	0.013
V4	0.887	0.127	0.016	−0.146
V5	0.141	0.127	0.880	0.066
V6	0.228	0.180	0.860	−0.085
V7	−0.003	0.400	0.718	−0.023

续表

	成分			
	1	2	3	4
V8	0.335	0.790	0.294	−0.085
V9	0.417	0.711	0.237	−0.056
V10	−0.076	0.721	0.295	0.158
V11	−0.153	0.815	0.031	0.081
V12	−0.320	0.163	−0.132	0.627
V13	−0.176	−0.155	0.044	0.857
V14	0.122	0.119	0.034	0.786

注：提取方法：主成分。
旋转法：具有 Kaiser 标准化的正交旋转法。
a. 旋转在 4 次迭代后收敛。

由表 3 − 3、表 3 − 4 可知第一成分特征值为 4.596，与之相关的指标包括：组织因素、政策合理性因素、政策执行力度因素、政策满意度因素；第二成分特征值为 2.737，与之相关的题项指标包括：险种满意度因素、保险供给满意度因素、保险市场竞争因素。第三成分特征值为 1.540，与之相关的题项指标包括：精算因素、签约过程因素、损失鉴证因素、风险控制因素；第四成分特征值为 1.273，与之相关的题项指标包括：总体发展趋势指标、供给发展趋势指标、需求发展趋势指标。根据统计数据，累计因子贡献率为 72.473%，说明 14 个变量七成以上可以用这 4 个公共因子（制度性问题、需求性问题、操作性问题、科技保险运作问题）来解释。

3.4.2.4　结构方程验证性因子分析

在运用探索性因子分析确定因素后，本节建立结构方程模型，运用 Lisrel8.70 对科技保险运作问题因素进行验证性因子分析。

基于结构方程假设模型图，在 Lisrel8.70 软件中构建如图 3 − 2 所示的结构方程模型路径图，并经过软件计算得出图中所示的因素载荷。此图给出了模型中潜变量和观测变量之间的关系，并描述了模型路径系数。图中椭圆形代表潜变量，矩形代表观测变量。

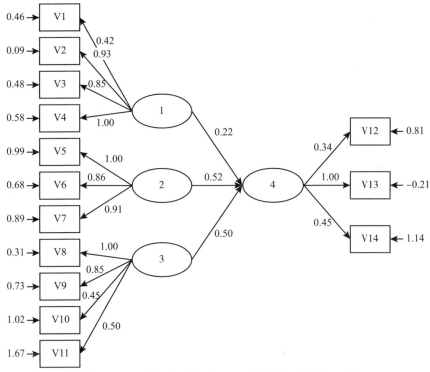

Chi-3quare=557.45，df=272，P-value=0.00000，RM3EA=0.157

图 3 - 2　结构方程模型路径

从相关拟合指数评估的结果来看，模型卡方统计值为 557.45，自由度为 272，卡方/自由度≤3，表明模型拟合较好，近似误差均方根 RMSEA 为 0.157。这些指标均达到了可接受的范围，说明该结构方程模型拟合较好。模型参数估计值见表 3 - 5。

表 3 - 5　　　　　　　　模型参数估计值表

路径关系	标准化路径系数	T 值	显著性
1→4	0.22	2.80	在 1% 水平下显著
2→4	0.52	3.65	在 1% 水平下显著
3→4	0.50	7.33	在 1% 水平显著

从结构方程分析结果看，完全支持预先的假设模型。结果表明，需求性问题和操作性问题都对科技保险运作问题的程度构成比较明显的影响，制度性问题对科技保险运作问题的程度具有一定的影响。第一，制度性问题对科技保险运作问题的程度影响相关系数达到0.22，说明制度性问题对科技保险运作问题的程度具有一定的影响，而制度性问题主要由组织因素、政策合理性因素、政策执行力度因素和政策满意度因素构成，其中组织因素影响力较弱，其他因素影响力均较强。第二，需求性问题对科技保险运作问题的程度影响相关系数达到0.52，说明需求性问题对科技保险运作具有较强的阻碍作用，而需求性问题由险种满意度因素、保险供给满意度因素和保险市场竞争问题因素构成，三种因素有较强的影响力。第三，操作性问题对科技保险运作问题的程度影响相关系数达到0.50，说明操作性问题对科技保险运作具有较强的阻碍作用，而操作性问题由精算因素、签约过程因素、损失鉴证因素和风险控制因素构成，其中损失鉴证因素和风险控制因素影响力较弱，精算因素、签约过程因素影响力较强。

3.4.3　我国科技保险实施中的问题因素及其成因分析

3.4.3.1　制度性因素及其成因分析

结构方程分析结果表明，制度性问题已经开始逐步凸显，虽未对科技保险运作产生严重的阻力，但其阻碍作用已经产生，而制度性问题中政策因素影响力较大，组织因素影响力较小。由此可知，目前，随着科技保险的发展，现有政策已经逐步显现出不适应，包括政策的制定、执行和满意度。

从政策制定上分析，从2007年科技保险试点开始，我国就采用以保费补贴政策为核心，宣传引导及税收优惠政策并行的政策模式，而经过8年多的发展，我国科技保险的规模快速扩大，发展方式也有了较大改变，但政策却未能在激励方式、激励力度上进行有效调整；从政策的执行上分析，随着科技保险试点期的结束，中央政府向各试点城市的专项拨款停止，同时，各地政府对科技保险的关注力度也开始逐步下降，从而造成政策执行力度减弱；从政策满意度上分析，科技保险已经推行多年，现有的一些险种的市场已经逐渐饱和，供需关系和政策调节因素三方已经达成平衡，然而，市场需求并不满足于现有的险种，保险公司也不满足于停滞的科技保险收益，供需双方均对科技保险政策提出了新的要求，而政策的改变却不足以满足这些新要求，因此，企业及保险公司对政策的满意度严重不足。

3.4.3.2 需求性因素及其成因分析

结构方程分析结果表明，需求性问题对科技保险运作存在较大的阻碍作用。这种阻碍来源于三个方面：险种、供给和市场竞争。从险种满意度因素分析，目前科技保险险种大多由传统保险改进而来，主要基于财产保险、人身保险和信用保险，但企业对于科技保险的需求主要集中于以研发过程中的高风险为标的的保险，供需难以匹配。从保险供给满意度因素分析，由于科技风险巨大，且精算存在障碍，保险公司承担着巨大风险，而过高的价格又无法为企业所接受，导致科技保险的利润空间十分狭窄，利润空间不足。从保险市场竞争问题因素分析，目前我国科技保险市场的竞争仍然严重不足，虽然，试点初期的指定销售政策已经放开，但之前形成的市场壁垒，使得规模较小的保险公司无法参与到科技保险市场竞争之中，科技保险的市场实际仅有少数几家具备较大承保能力的运营商，竞争严重不足。

3.4.3.3 操作性因素及其成因分析

在科技保险的运作过程中，操作性问题十分明显。其他问题，特别是需求问题，往往由其直接或间接引起。操作性问题主要源于科技保险的弱可保性和科技风险的特质性，是由科技保险本质所决定的，该困难可以规避和控制，却不可以消除。操作性因素的成因主要有以下三个。

其一，我国保险公司的精算和定价能力不足。精算定价是保险运作的基础，但我国一般保险的精算和定价大多基于我国的费率表，对于费率表上没有涉及的保险险种的定价我国保险公司无论是在制度上还是在能力上都存在较大的局限性。科技保险同质风险少、风险巨大且存在人为因素干扰，从而对保险精算和定价提出了更高的要求，而我国保险公司在这方面的能力，显然难以达到这一要求。

其二,我国保险公司对科技风险的监控能力有限。监控能力的不足主要由技术限制和参与模式限制两个问题造成。科技风险的专业性极高,保险公司难以拥有各种专业技术的风险监控能力,而我国相关的专业服务体系尚未构建,保险公司也难以借助第三方组织对承保的科技风险给予监控。同时,我国科技保险运作的模式相对固定,大多为投保—理赔型,在该模式下,保险公司的参与能力受到极大限制,使得保险公司对科技风险的监控能力进一步下降。

其三,我国保险公司的经营制度限制了科技保险的利润空间。我国对于保险公司的经营限制较多,不允许保险公司运用保费收入进行风险投资。限制性制度虽然降低了保险公司的风险,维护了投保人的利益,但是也限制了保险公司的盈利能力,从而间接地提高了保险价格。

第 2 部分

面向"双创"的科技保险
险种创新需求研究

4　基于"双创"发展的科技保险险种缺口分析

在我国科技保险推行之初,我国科技企业对于科技保险的需求主要是需要一种分摊高新技术企业研发风险的保险,故而第一批科技保险出台,从研发设备、研发人员、研发产品三个方面为科技企业分摊风险。从第一批科技保险的条款来看,第一批科技保险险种主要是由传统保险的人身保险、财产保险、出口信用保险和责任保险四种险种演变而来,两者的主要条款大致相同,前者仅在少数细节上针对研发活动的特点,而且这些险种大多与传统保险存在相互涵盖的关系,可以被传统保险所替代。例如,关键研发设备保险可以被原有的财产保险所替代,因为研发设备本身也属于企业财产中的一部分,可以投保财产保险,且很多企业的研发设备与生产设备存在重叠、难以区分,则进一步降低了关键研发设备保险的针对性。显然,第一批科技保险险种无法满足企业对于分摊研发风险的需求,也无法切实起到推动科技发展的作用。第二批科技保险险种在第一批险种的基础上进行了改良,进一步添加了"科技"元素,除部分险种是在第一批险种基础上扩大范围外,其他险种对于科技风险的针对性有了明显增强,特别是高新技术企业小额贷款保证保险、高新技术企业环境污染责任保险、高新技术企业项目投资损失保险和高新技术企业专利保险，分别在研发项目融资、环境保护、研发项目投资和研发成果保护方面为企业从事或投资研发活动提供了保障。随着经济社会的发展，企业和市场对于科技保险产生了新的要求，科技保险的需求正在不断变化和发展。之后的险种创新是不同的保险公司围绕这 15 类险种开发的具体险种，总的来看，这些险种并不能满足科技企业在创新过程中的保险需求，一是因为这些险种与其他类型的保险具有重合性，难以吸引科技企业投保；二是总体上看科技保险险种种类不多，并不能完全涵盖科技企业创新过程存在的关键风险。在"双创"背景下，要想发挥科技保险对创新创业的保障作用，必须创新科技保险险种，扩大科技保险的覆盖范围，着眼于解决"双创"发展的关键障碍，最终促进"双创"发展。

目前"双创"发展的主要障碍体现在由资金供给不足和高素质人才缺乏引起的市场投入不足，以及由个人创业动力不足和企业技术成果转化动力不足引起的市场主体参与意愿不足两方面。在现有的科技保险险种中，只有高新技术企业小额贷款保证保险和高新技术企业专利保险可以分别解决"双创"发展过程中资金供给不足和技术成果转化动力不足的障碍，其他险种都只是在一定程度上对创新风险进行分摊。要想分摊"双创"风险，需要面向"双创"进行科技保险险种创新，扩大科技保险标的，开发有关创业风险的险种，着重解决目前"双创"发展面临的障碍，为"双创"发展助力。基于"双创"障碍分析和对科技保险在"双创"中的作用分析，结合科技保险险种现状分析，面向"双创"的科技保险险种至少还存在人才投入缺口、个人或团队创新创业的险种，以及针对研发成果转化风险的险种缺口。

5   针对资金和人才投入风险的险种创新需求

不论是基于成果转化还是基于模式创新的"双创"活动，都离不开资金和人才的投入，基于成果转化的"双创"风险中，有技术人才流失风险和资金链断裂风险；基于模式创新的"双创"风险中，有人才流失风险和融资失败风险。

然而，目前的科技保险险种中，针对资金投入的风险只有高新技术企业小额贷款保证保险，但是企业在创新过程中的资金投入活动不只是银行贷款，还有投融资活动等。许多小微公司缺乏有效的抵押资产或者第三方提供的保证，导致银行贷款往往数额较小并且具有较为严格的评估标准和较高的利息，因此许多小微公司选择吸引风险投资为企业引入资金。风险投资在促进中小企业技术创新的作用已为许多国家的实践所证实，但是我国的风险投资因为退出渠道不畅发展缓慢，风险投资的规模和能力也远不能满足中小企业，尤其是科技型中小企业的创新需求。因此，对于科技公司而言，设计技术创新投融资保险，有助于为科技公司吸引风险投资，减轻资金链断裂的风险。创业的资金投入方式除了个人资金支持外，另两种主要方式就是银行贷款和风险投资，对银行和风险投资人而言，创业失败意味着资金投入无法得到回报，这种潜在风险的客观存在，会影响他们对资金投入的动力，因此，可以设计高新技术创业投融资保险和高新技术创业信贷保险，通过保险降低银行和风险投资人的风险感知，增加创业活动的资金投入。

针对人才投入的风险，只有高新技术企业高管人员和关键研发人员团体的健康保险和意外伤害险这类基础保险。人才是创新创业活动中的重要主体，许多地方政府为了吸引优秀人才，从物质和精神上都给出了极具诱惑的条件，但是核心人才往往掌握着科技创新的关键技术或者成果，一旦发生人才流失会对创新创业活动造成较大威胁，甚至可能直接导致创新活动失败，因此有必要设计针对核心人才引进的保险，留住核心科技人才，确保创新活动顺利实现。

虽然目前市场上还没有关于人才引进的保险，但是在市场竞争日益激烈的今天，企业的兴衰越来越依靠其员工，尤其是管理和技术骨干人员的主动精神和创新性。几乎所有的调查都表明，人才缺乏是中小企业提高技术创新能力的主要障碍。基于模式创新的"双创"活动，由于企业规模小、实力弱、事业感差，以及户籍制度、社会保障制度不健全等诸多因素的影响,使企业既难以吸引人才,也难以支付给真正的人才高额待遇。此外,对于已有高素质人才,因为老板情结、管理问题、企业文化及待遇等因素,中小企业很多时候是难以留住他们的。企业员工整体素质偏低、技术基础薄弱、专业人才匮乏直接导致了中小企业无力开展产品、工艺、设备的技术创新,难以适应市场的急剧变化与调整,进而步入经营困难、效益滑坡的境地,生存空间受到严重威胁。由此可见,两种类型的"双创"对人才的要求都很高,人才引入风险又较大,现有险种难以满足市场需求,因此需要对人才投入险种进行创新。

6　针对个人或团队创新创业的险种创新需求

创业是创新的延续,创业分为基于技术创新的创业和基于模式创新的创业,两种类型的创业都会由于创业环境的不确定性、创业机会与创业企业的复杂性、创业者、创业团队与创业投资者的能力与实力的有限性而存在巨大风险。科研团队完成技术创新之后,由于机会成本的存在以及为了避免创业为自身带来的风险不愿意进行创业。基于模式创新的"双创"活动,大多数创业者由于无法准确预测商业模式创新的结果,只有投入市场之后才能得到结果,但是往往坏结果就直接意味着创业失败,对创业者而言存在巨大的决策失误风险,并且众多个人创业者都是大学生,这类主体风险承担能力弱,难以抵御创业失败带来的损失,因此创业风险在一定程度上阻碍了他们的创业激情。

目前政府对创业人员的支持政策并不完善,导致个人或者团队创业动力低下。但是政府为支持科技型企业、新兴产业企业及小微企业发展,国家开始允许和支持保险资金投资创业投资基金。例如,2014 年发布的《关于加快发展现代保险服务业的若干意见》中提到,"鼓励保险公司通过投资企业股权、债券、基金、资产支持计划等多种形式,在合理管控风险的前提下为科技型企业、小微企业、战略性新兴产业发展提供资金支持。"2016 年银保监会发布的《关于促进创业投资持续健康发展的若干意见》中,"鼓励保险资产管理机构等机构投资者参与创业投资。"但是保险本身具有转移风险,降低风险感知的特征,可以通过设计人才创业保险直接为创业人员或团队提供保障。由于保险的保底作用,可以催生更多的科技项目启动,增加当地产业结构中的科技占比,改善产业结构,促进科技项目向应用转化。同时,创业保险能够为创业失败"兜底"保障,这是对"创业失败"的政策性扶持,也是鼓励创业的"兴奋剂",更是吸引创业人才的有效措施,具有重大价值和意义。

7 针对研发成果转化风险的险种创新需求

科技成果转化是创新要素的跨界整合及多阶段重组过程,涉及知识积累、技术提升、商务运作及资本投入等创新问题,决定着科技成果转化的好坏。2020年6月9日,科技部办公厅发布《关于加快推动国家科技成果转移转化示范区建设发展的通知》,提出以集聚创新资源为重点,促进技术要素的市场化配置。其中重点指出,要积极探索综合运用后补助、引导基金、风险补偿、科技保险、贷款贴息等方式支持成果转化。基于"双创"风险图谱可知,成果转化风险具体包含转化失败风险、环境变化风险和技术淘汰风险。

从各国实践来看,成果转化失败是正常现象。科技成果转化需要跨越"死亡之谷"和"达尔文之海",前者指基础研究到技术应用之间的鸿沟,后者指从产品生产到大规模产业化之间的鸿沟,这两个鸿沟有一个没能跨越过去,都会导致成果转化失败。另外,成果转化过程往往是个周期较长的活动,如果转化过程中市场需求发生变化,可能会导致技术投产的效益不佳,成果转化过程没能达到预期效果。并且在技术革新日新月异的快速发展时代,一种技术可能在短时间内就会被替代或者被更新,使得精心研发的技术在成果转化过程中被淘汰。

目前,我国在科技成果转化中的投入很少,并且重视程度不高,主要体现在科技部成果转化经费预算占比较低和知识产权制度的不完善上。科技创新的最终目的是应用于市场，提高生产力，而成果转化是技术创新能否顺利转化为生产力的关键一步。科技成果转化需要大量资本的投入，而这种投资相较于一般企业的普通投资具有较高风险，制约了科技企业的发展壮大。通过设计研发成果转化保险，能够吸引风险投资机构或者银行为企业的成果转化活动提供资金，分散、转移科技成果转化风险，有利于科技成果转化及其企业的健康持续发展。

8　面向"双创"的科技保险险种创新的总体构想

科技保险的险种创新应当以需求为基础，基于以上对科技保险市场需求和缺口的分析，以及现有的 15 个科技保险险种。目前，险种创新应当主要针对资金和人才投入、个人和团队创新创业和研发成果转化进行，新险种则应主要集中于保证保险和信用保险等类别，因此，可以构想以下 6 种新险种。

（1）技术成果转化保险

技术成果转化保险属于保证保险，用于保障科技创新的成果转化过程。保证保险是指保险人承保因被保证人行为使被保险人受到经济损失时应负赔偿责任的保险形式。技术成果转化保险是指当技术创新成果从科研单位转到生产部门之后，并未提高劳动生产力或者生产的产品并未达到市场要求时，由保险公司为科研单位或企业承担部分转化损失。技术成果转化风险损失发生的原因有很多，例如由于科研单位自身原因无法完成转化过程，科技成果本身无法满足市场需求，科研单位没有找到合适企业进行交易，或者市场环境发生变化导致技术成果转化不再满足市场要求甚至被市场淘汰等。由于道德风险的存在，因科研单位自身原因导致的成果转化失败属于不可保风险，因此技术成果转化保险只保不确定性因素（如宏观环境变化导致的技术成果转化失败）的风险。

目前我国科技成果转化动力不足，原因之一就在于产学研推进不够深入，企业没有能力承接技术转化的工作，同时也不愿承担技术转化失败的风险。技术成果转化保险可以降低科研单位和生产企业的风险感知，有条件的科研单位可以自己购买技术成果转化保险，降低自身成功转化的风险，也可以与生产企业合作，由企业购买技术成果转化保险，同时获取成果转化之后的市场收益，企业还可以加入技术成果转化过程，提供资金以及帮助分析产品可能的市场需求，提高技术成果转化成功率。对于由宏观环境变化导致的风险损失，由保险公司对被保险人进行补偿。

（2）技术创新投融资保险

技术创新投融资保险是信用保险的一类，是以技术创新项目所在企业的信用作为标的，如果技术创新活动失败或未达到预期效果，导致投资者不能收回资金，由保险公司代技术创新企业向出资机构进行赔偿，同时创新企业也应作为共保人承担一定份额的损失，或者规定保险公司的赔偿限额，当损失超过一定百分比时，保险人只就约定金额内负责。除了传统的"投保—理赔"型的参与模式，保险公司还可以以"半参与"型的运作模式，根据科技企业科研项目产生的损失或收益而进行损失赔偿或收益分成，或者以"全参与"型的运作模式，保险公司自身可以以风险投资者的身份，参与到科技企业的创新研发活动中，技术创新的收益由企业、其他投资者和保险公司分成，风险也由三方共同承担。

资金短缺是技术创新活动的重要阻碍之一，而风险投资和银行贷款是创新企业解决资金短缺的主要途径。技术创新需要巨大资金的同时也存在巨大风险，使得许多风险投资机构不愿为其投资，银行也不愿为其贷款。但是如果这些公司主动投保技术创新投融资保险，一方面意味着向市场发出信号，保险公司可以为自身信用提供保障，从而吸引风险投资机构为自己投资；另一方面，投保企业也能将保单作为一种保证手段抵押给贷款银行，通过向贷款银行转让保险赔款，要求保险人向贷款银行出具担保等方式，使银行得到收回贷款的可靠保证，解除银行发放贷款的后顾之忧，从而使企业更容易获得贷款，缓解资金短缺的障碍。

（3）技术创新核心人才引进保险

技术创新核心人才引进保险是在个人意外伤害险的基础上进行创新而来，为了降低企业引进的技术创新核心人才因受伤、生病、死亡或跳槽导致其不能继续为公司创新价值的风险，减少对公司造成的巨大损失，企业可以对某个特定岗位引进的人才投保技术创新核心人才引进保险，如果该人才在一定时期内发生意外或者跳槽，保险公司根据企业人才引进投入和损失进行赔偿。

技术创新人才是企业的重要资源，特别是对于中小型高新技术企业，技术创新核心人才的流失甚至直接影响企业的存活与否。因此，企业往往会给予优厚的人才引进政策，如资金资助、项目资助、津贴补助或住房补贴等，如果核心人才发生意外或者跳槽，企业不仅遭受人才损失，同时也会遭受巨大的资金损失。因此，企业对关键岗位的人才可以为其投保技术创新核心人才引进保险，保险公司可以帮助监测被保险人的身体状况和在公司的工作情绪，降低其发生意外和跳槽的概率，从而减少公司可能发生的损失。

（4）高新技术创业信贷保证保险

高新技术信贷保证保险是一种信贷保证保险，是为了满足创业企业对银行贷款的需求，保障创业贷款过程。具体是指创业企业作为投保人，以自身信用风险作为保险标的，向保险公司投保，被保险人是银行等金融机构的借贷人或供应商，如果创业企业未能履行还款义务，由保险公司代为偿还部分贷款。

企业投保了创业信贷保证保险后，不仅提高了自身的信用评级，还可以将保单作为抵押凭证向银行贷款，同时保险公司也可以为银行分担一定风险，从而增强银行对企业贷款的信心，提高企业贷款成功率，保障创业企业的资金供应，减轻创业压力，进而提高创业成功率。保险公司可通过专业的资信调查来获得被保险企业的信息，使保险公司与被保险企业间的信息基本对称，同时通过大数定律来分散个别企业的违约风险。通过银行、企业、保险公司三方合作，消除了保险公司与被保险企业之间、银行与贷款企业之间信息不对称的障碍，极大地提高了市场交易效率，银行实现了规模扩张和收益增加，企业降低了融资成本及资金筹集难度，保险公司也从信贷保证保险中获得了发展，实现了市场三方的共赢。

（5）高新技术创业投资保险

高新技术创业投资保险属于信用保险，是以高新技术创业公司的信用作为保险标的，当创业项目失败或创业公司破产，导致投资者无法收回资金，或者难以获得收益时，由保险公司代为赔偿。

高新技术创业是一项高风险的活动，从研发到生产再到销售都是需要耗费巨大资金的过程，并且由于初创型公司抗风险能力较弱，创新创业本身又存在巨大的不确定性，综合导致风险投资机构风险感知较大，不愿轻易给高新技术创新企业投资。高新技术创业投资保险是将创业公司的保证责任转移给保险公司，如果投资方的资金无法收回，可以由保险公司给予部分赔偿。保险公司在选择承保前，还会对创业项目进行风险评估，有助于弥补薄弱环节，提高创业成功率。因此，高新技术创业保险可以降低投资机构的风险感知，提高投资的可能性并且增加投资额，从而帮助高新技术创业企业渡过创业期，提高创业成功率。

（6）大学生及科研人员创业保险

大学生及科研人员是"双创"的主要主体，大学生及科研人员创业往往意味着要放弃学业或者离开原有岗位，具有较高的机会成本，其次，这类人员对市场了解不够充分，认识不够全面，创业风险较高，最后，这类个体创业本身启动资本不高，创业过程中的融资渠道也不够通畅，总体上看大学生和科研人员的抗风险能力较弱。因此，大学生及科研人员创业保险正是为了保障其创新创业过程，降低创业风险，提高创业意愿。投保时，保险公司会根据资本投入和当地平均收入水平对创业企业进行评估，在保险合同中确定保额。投保过程中，保险公司也可以帮助创业企业进行风险控制，降低创业的潜在风险，为创业企业提供"兜底"保障。当大学生及科研人员创业失败时，保险公司对其个人或团队给予生活补助，提供"兜底"保障。

第 3 部分

面向"双创"的科技保险新险种设计

9 科技保险险种创新的基本原则

科技保险相对其他类型的保险而言具有很多特性。第一,科技保险针对的是研发过程,专业性很强。第二,研发的资本投入大,一旦发生风险,损失额也巨大,因而科技保险的保额巨大、风险极高。第三,科技保险的可保性很弱,必须通过良好的控制,才能够保障保险人的利益。第四,科技保险具有外部性,政府是其发展的关键主体,故而,科技保险必须对社会科技发展起到推进作用。这些特性直接决定了科技保险在进行险种创新时,除了要遵循保险险种创新的共通性基本原则外,还应当遵循其特有的原则。具体而言,科技保险险种创新必须遵循以下五项原则。

(1) 按需合法创新原则

按需创新是保险险种创新的基本原则之一,任何保险在进行险种创新时都必须以市场的需求为基础,科技保险也不例外。科技保险险种作为保险产品的一种,和其他商品一样必须遵循市场规律,目前市场属于买方市场,因此除了政策性保险以外,普通保险的险种创新必须依据市场需求,否则创新出的险种将因没有需求而失去市场竞争能力。此外,由于科技研发活动各个环节科技风险的差异性很大,且科技风险总体风险极高,又属于整体不可保、部分可保的风险,因而科技保险往往具有很强的针对性,而且保险范围较小。因此，科技保险在进行险种创新时必须先细分市场，找出市场中存在却尚未满足的需求点，然后针对需求点进行险种创新，一旦需求点确定错误，或者新险种无法满足需求，则险种创新将面临失败。

合法性是保险险种创新的基本原则之一。由于保险所保障的应该是被保险人的合法利益，是在被保险人合法利益受到损害时给予补偿，以帮助被保险人分摊风险，因此保险的险种创新必须在国家法律和道德的范围内进行。科技保险的险种创新必须以我国的《保险法》《合同法》以及相关的法律法规如保监会发布的《关于进一步做好科技保险有关工作的通知》等为基础，结合我国的文化道德要求，保障新的科技保险产品具有合法性。此外，由于科技研发成果往往可能具有两面性，因此，对于一些社会负面影响较大的科研活动或国家法律明令禁止的科研活动不能作为保险对象。例如，对于克隆人的研发项目就不能设置相应的科技保险险种。科技保险险种创新必须纳入国家法律和道德体系，以保证创新出的险种具有积极的社会效应，从而体现科技保险的社会保障价值。

（2）科研针对性和促进性原则

科技保险的主要对象是科技风险，而科技风险产生于科技研发过程之中，因此，科技保险的险种创新必须针对科技研发过程。由于科技风险相对其他风险而言具有很多本质上的区别，从而决定了科技保险与普通保险的共通性较少，属于一个单独的、特殊性的保险门类，因此，科技保险不具有通用性，不能与其他保险之间相互替代。科技保险作为一种围绕科技研发活动，且不可为其他类别保险所替代或通用的保险，其险种创新必须具有很强的科研针对性，否则与科技保险的定义与功能不符，无法体现科技保险的特点。科技保险具有正外部性，它作为科技创新的支撑体系中的重要组成部分，是突破科技创新高风险障碍的重要途径，是科技创新主体从事科技活动的重要保障，也是提高科技创新主体从事科技活动的积极性，提高科技项目成功率，推动整个社会的科技发展和生产力水平的重要手段，因此科技保险本身具有科研促进性。同时，科技保险具有弱可保性，从而决定了科技保险的创新和发展必须得到政府的推动和支持，而政府支持科技保险的基础在于科技保险的正外部性，即政府对于科技保险的科研促进功能具有一定要求，因此科技保险的险种创新必须体现其科研促进性，以体现科技保险的正外部性特征，同时满足政府的推动社会科技发展的要求。

（3）经济效益和技术可行性原则

科技保险作为一种商业保险，作为保险公司产品的一种，为保险公司盈利是其基本功能之一。保险公司是营利性组织，追求利益最大化是其目标，保险公司出售保险产品，在为被保险人提供分摊风险、降低风险损失服务的同时，也希望追求更多的利润，以维持保险公司的运作，保障公司的经济效益。此外，保险公司进行科技保险险种创新的目的在于通过产品差异化提高科技保险产品的竞争优势，从而获取更多的利益，虽然科技保险具有正外部性，但盈利性是其根本，因此在进行科技保险险种创新时，必须保障新险种的盈利效益，以为保险公司创造经济效益为基础，结合科技保险的社会效益，达到总体效益最大化的目标。

由于科研项目的专业性很强，往往需要相关专业人员才能够有效地掌握和控制科研项目的风险，科技保险作为以科研项目为对象的保险，具有严重的信息不对称性，这种信息不对称性很容易引起保险过程中的道德风险，致使保险人蒙受损失。因此，在科技保险进行险种创新时，必须考虑保险公司是否有能力承保该险种，这种能力包括保险赔偿能力、相关的风险控制人员、具有承保险种相关项目专业背景的技术人员以及对承保对象的监控设备、技术等。

（4）所保风险普遍存在性原则

保险运作的基础性原理是大数法则和中心极限定理，而这两大定理存在的基础是同质风险的汇聚，因此，保险险种存在的一个基础条件就是市场中存在大量的同质风险。科技保险由于其所保的科技风险种类繁多，各类风险之间差别较大，而研发市场中投保项目又十分有限，故市场上的科技保险同质风险本身就较少，难以满足大数定理和中心极限定理的要求。因此，科技保险在进行险种创新时，必须充分考虑新险种所保风险是否在市场中普遍存在，使得能够汇聚的同质风险数量尽可能提高，以满足大数定理和中心极限定理的要求，保障新险种费率厘定的准确性。

（5）参与形式多样化原则

由于科技项目的投资大、风险高，因而科技保险的保额往往巨大，保费也十分高昂。目前我国科技保险的参与形式是传统的投保—理赔型，这种参与方式下，保险公司的参与程度较低，从而导致两个问题：其一，企业在投保时必须向保险公司提前支付巨额保险费用，这一费用往往为企业难以接受，特别是一些初创性的科技企业，可能因为没有能力支付巨额保险金，而无法通过科技保险分摊风险。其二，研发项目的风险往往巨大，一旦出险，保险公司损失巨大。但由于保险公司无法参与项目，从而不能直接控制投保研发项目的科技风险，也就无法有效地降低科研项目的风险，提高研发项目的成功率，保障保险公司的利益。从国外经验来看，保险公司以多种参与形式进行保险，可以有效地解决这两个问题，国外市场上现在主要有四种参与模式，除了投保—理赔模式外，还有半参与模式、全参与模式和担保模式。只有实现多种参与模式并行，才能够有效地解决目前我国科技保险市场存在的问题，因此，科技保险在进行险种创新时，必须要遵循参与形式多样化原则，针对一类险种设计多种参与模式下的不同险种，以设计出能够适应不同层次企业需求的科技保险险种体系。

10　科技保险新险种的费率厘定

10.1　非寿险产品费率厘定的原理

费率厘定是科技保险新险种财务设计阶段的核心，也是科技保险新险种定价的基础。科技保险作为非寿险的一种，其费率由三个部分组成，即纯保费、费用附加和利润附加或安全附加。纯保费用于赔偿保险公司在未来的期望赔款成本；费用附加用于补偿保险公司经营相关保险业务的各种必要的费用支出费用；利润附加是保险公司经营保险业务中所得到的收益，可以看作是经营过程中保险所使用的资本金的成本。纯保费是指保险公司对每一风险单位的平均赔款金额，可以用期望索赔频率与期望索赔强度的乘积进行计算。索赔频率是指一定时期内每个风险单位的索赔次数，通常用索赔总次数和风险单位之比进行估计。索赔强度是指一个风险单位每次索赔的金额，通常用赔款总额与索赔次数之比进行估计。

假设由索赔次数构成的离散随机变量为 N，由索赔强度所构成的连续随机变量为 X，通过分组频率统计分别绘制直方图，进而观察直方图，根据其特征选择分布，然后通过矩估计或极大似然估计进行参数估计，并对分布的拟合进行 χ^2 检验，最终确定损失次数的分布函数 $F_N(n)$ 和密度函数 $f_N(n)$。则纯保费为 $E(N)$ 与 $E(X)$ 的乘积。

为了便于分析免赔额与赔偿限额对纯保费的影响，我们需要采用有限期望函数进行计算。有限期望函数的基本定义如下。

令 X 表示一个非负的随机变量，其密度函数和分布函数分别为 $f_N(n)$ 和 $F_N(n)$，对给定的实数 $d > 0$，有限期望函数为：

$$E(X\text{^}d) = \int_0^d x f(x) \, dx + d[1 - F(d)]$$

（1）假设保险合同规定的免赔额为 d 且保持不变，通货膨胀率为 r，则保险公司的期望索赔频率为：

$$n \times \left[1 - F_X\left(\frac{d}{1+r} \right) \right]$$

期望赔款为：

$$\frac{(1+r) \left[E(X) - E\left(X\text{^}\frac{d}{1+r} \right) \right]}{1 - F_X\left(\frac{d}{1+r} \right)}$$

从而考虑免赔额的纯保费为：

$$n(1+r) \left[E(X) - E\left(X\text{^}\frac{d}{1+r} \right) \right]$$

（2）假设赔偿限额为 u 且保持不变，通货膨胀率为 r，则保险公司的期望赔款为：

$$(1+r)E\left(X\text{^}\frac{\text{u}}{1+r}\right)$$

由于赔偿限额与通货膨胀率并不影响期望索赔频率的大小，所以考虑赔偿限额的纯保费为

$$n(1+r)E\left(X\text{^}\frac{\text{u}}{1+r}\right)$$

（3）如果同时考虑赔偿限额和免赔额时，假设先应用赔偿限额 u，再应用免赔额 d，通货膨胀率为 r，则此时纯保费为：

$$n(1+r)\left[E\left(X\text{^}\frac{\text{u}}{1+r}\right)-E\left(X\text{^}\frac{\text{d}}{1+r}\right)\right]$$

10.2　科技保险新险种的费率厘定

（1）技术成果转化保险的费率厘定

技术成果转化风险包括成果转化风险、环境变化风险和技术淘汰风险，根据技术成果转化保险的构想，该险种主要所保的是因市场需求发生变化导致技术投产效益不佳的环境变化风险。技术成果转化的成功率主要受到项目类型、项目复杂程度和研发单位的成果转化能力等因素的影响。不同科学领域的研发项目成果转化所需资源差异较大，同一科学领域的项目复杂程度也会有所不同，而越复杂的项目所需投资也越多，因此可以用项目投资额替代项目复杂程度。其次，研发单位的成果转化能力由研发单位的资质、人才和资源等相关，由科研单位自身决定。因此，估计期望索赔频率应以投保单位以及与其同一行业、规模和资质相当的研发单位在一定时期内因市场需求发生变化导致成果转化失败的次数决定。估计期望索赔强度则由成果转化失败造成的损失和保额决定。

（2）技术创新的投融资保险

根据技术创新的投融资保险的构想，该险种所保的是因技术创新企业无法偿还全部融资资金导致投资人遭受收益损失甚至本金损失的风险。技术创新成功率受到地区、行业、企业创新投入和创新企业实力等因素影响。首先，不同地区对技术创新会有不同的扶持政策；其次，不同行业对

技术创新能力的要求不尽相同;最后,企业内部的技术创新投入也会对技术创新绩效产生影响,而规模相似的企业对技术创新的投入往往差距不大,因此可以用企业规模代替企业创新投入。因此,技术创新的投融资保险的期望索赔频率应以同一地区、同一行业以及规模相似的技术创新企业融资后无法偿还所有投资的次数决定。估计期望索赔强度则由技术创新失败导致的损失和保额决定。

(3)技术创新核心人才引进保险

根据技术创新核心人才引进保险的构想,该险种所保的是企业引进的技术创新核心人才因遭受意外伤害而造成受伤、生病、死亡或跳槽等原因无法继续为企业创造价值的风险。技术创新核心人才引进成功率受地区、行业和企业规模影响。首先,不同地区人才引进的优惠政策和优惠方式不同;其次,不同行业对技术创新人才的工作要求和工作强度也不同;最后,不同规模的企业对技术创新人才的重视程度和福利待遇也不一样。因此,技术创新核心人才引进保险的期望索赔频率应以同一地区、同一行业和规模相似企业对技术创新核心人才引进失败的次数决定。估计期望索赔强度则由技术创新核心人才引进失败导致的损失和保额决定。

(4)高新技术创业信贷保证保险

根据高新技术创业信贷保证保险的构想,该险种所保的是创业企业无法偿还所有信贷资金从而对银行或金融机构造成资金损失的风险。高新技术创业信贷保证保险受地区、行业、企业规模、企业信用等级等因素影响。首先,不同地区的信贷政策因地而异;其次,不同行业和不同规模的创业公司对创业资金的需求量有所不同;最后,不同信用等级的企业完成还款的概率也会有所差异。因此,高新技术创业信贷保证保险的期望索赔频率应以同一地区、同一行业、规模相似、同一信用等级的企业无法偿还所有贷款的次数决定。估计期望索赔强度则由无法偿还的信贷资金部分和保额决定。

(5)高新技术创业投资保险

根据高新技术创业投资保险的构想,该险种所保的是创业失败导致投资人资金受损的风险。高新技术创业投资保险受行业、因素影响。估计期望索赔强度则由高新技术创业失败导致的损失和保额决定。

（6）大学生及科研人员创业保险

根据大学生及科研人员创业保险的构想，该险种所保的是大学生及科研人员创业失败导致自身财产受损的风险。估计期望索赔强度由固定保额决定，保额可参考地区平均收入决定。

基于对科技保险险种创新的总体构想以及以上分析可知，六个险种均为一次性赔付，即索赔总次数均为 1 次，例如技术成果转化要么转化成功，要么转化失败；技术创新的投融资保险要么投融资成功，要么投融资失败；大学生及科研人员创业保险要么创业成功，要么创业失败。成功则不需要赔偿，失败则按保额进行赔付。那么索赔强度就是一个定值，即对应保险合同所规定的保额，假设保险合同所规定的保额为 X。六个保险的索赔频率均与所保项目的成功率有关，即期望索赔频率即为各保险所保项目成功率的期望值，例如技术创新核心人才引进保险的索赔频率与技术创新核心人才引进成功率对应，高新技术创业信贷保证保险与信贷还款成功率对应，高新技术创业投资保险与投资资金回收率有关。假设 N 是由各保险所保项目成功率构成的连续随机变量。根据连续随机变量的数学期望公式可以得到：

$$E(N) = \int_0^1 nf(n)\,\mathrm{d}n$$

从而可得新险种的纯保费为：

$$P_p = X \times E(N) = X\int_0^1 nf(n)\,\mathrm{d}n$$

保险的定价，即毛保费，除了包含纯保费以外还包括费用附加和利润附加，两者统称为附加保费。费用附加是保险公司在运作保险时所产生的必要费用，这决定了费用附加只与保险运作的复杂程度有关，对于固定险种而言，费用附加为定值，假设费用附加为 l，而在保险期内保险公司支付的总成本 $L = P_p + l$。为了保障保险公司的基本利润和正常运作，可以利用折现现金流模型对保费定价。假设市场上的无风险利率为 r_f，保险公司为新险种投资的资本金为 S，资本成本为 r_c，负债的期望收益率为 r_L，税

率为 T_c ，则根据折现现金流模型可得最终厘定的新险种的保费为：

$$P = \frac{L}{1 + r_L} + \frac{S \times r_f \times T_c}{(1 + r_f)(1 - T_c)} = \frac{P_p + l}{1 + r_L} + \frac{S \times r_f \times T_c}{(1 + r_f)(1 - T_c)}$$

将 $P_p = X\int_0^1 nf(n)\,\mathrm{d}n$ 代入，可得新险种的毛保费为：

$$P = \frac{X\int_0^1 nf(n)\,\mathrm{d}n + l}{1 + r_L} + \frac{S \times r_f \times T_c}{(1 + r_f)(1 - T_c)}$$

11　科技保险新险种的合同设计

科技保险作为保险的一种，其合同的内容结构与普通保险相同。对于保险合同的设计主要是针对保险合同条款的设计。保险合同条款分为两部分基本条款和附加条款。基本条款又称法律条款，是按照法律规定写入保险单的条款，保险单上载明的统一条款，直接印在保险单上，被保险人无选择余地。附加条款，又称任选条款，是当事人在合同基本条款的基础上约定的补充条款。显然，附加条款由保险双方协商决定，不具备有预先设计的可能和价值，因此新险种合同的设计主要针对基本条款。根据保险合同的一般形式，基本条款主要包括保险人的名称和住所、投保人和被保险人的名称和住所、保险标的、保险责任和责任免除、保险期限和保险责任开始时间、保险价值、保险金额、保险费及其支付办法、保险金赔偿或者给付办法、违约责任和争议处理、订立合同的时间。由于一般保险基本条款都以格式合同的形式出现，均有标准合同作为基础，因而此处只针对新险种具有特征性的条款进行设计，主要包括保险标的、保险责任和责任免除、保险期限和保险责任开始时间、保险价值和保险金额。

（1）保险标的

保险标的是保险合同的客体或对象，也是明确保险范围和保险责任的基础。保险标的的设计关键在于限定保险对象的范围。①技术创新成果转化保险的标的是技术创新成果转化项目。首先，投保的成果转化项目必须涉及技术创新且创新成果属于领先水平，尚未被替代或淘汰；其次，技术创新成果必须是在专利保护期限内的专利成果；最后，成果转化出的产品及其衍生品必须符合国家法律规定，并非国家禁止生产销售的产品。②技术创新投融资保险。投保的标的是对技术创新进行投资的投资主体。首先，投资的项目必须是技术创新项目；其次，投资主体必须是合法且具有投资能力的投资个人或机构。③技术创新核心人才引进保险，保险标的是技术创新过程对某个核心岗位引进的核心人才。④高新技术创业信贷保证保险。⑤高新技术创业投融资保险，投保标的是对高新技术创业项目投资的主体。⑥大学生及科研人员创业保险，标的是进行创业的大学生及科研人员。

（2）保险责任和责任免除

保险责任是指保险事故发生后保险人应承担的经济赔偿或给付保险金的责任范围。责任免除又称除外责任，是指保险人不承担赔偿或给付保险金的责任范围。理论上保险责任和责任免除应当呈互补关系，因而保险责任和责任免除共同构成了保险公司承担赔付的边界，是保险理赔和保险定价的基础，也是整个保险合同中最关键的部分之一。

①技术创新成果转化保险。根据该险种的构想，其保险责任应该是被保险人在保险期限内，因市场需求发生变化，使得技术创新成果转化项目转化失败进而造成经济损失，由保险人依照保险合同约定的保险金额对投保人给予赔偿的责任。该险种的责任免除有以下几点：第一，造成损失的行为是被保险人的故意行为或非职业行为；第二，因政治、文化环境、自然灾害或战争等不可抗力引起的被保险人的过失行为造成的损失；第三，成果转化项目由于其本身的复杂性或技术瓶颈导致转化失败造成的损失；第四，由技术被模仿或覆盖形成的市场风险带来的经济损失，例如因技术泄露导致其他企业抢先占领市场或者因技术更新导致研发的技术被提前淘汰对企业带来的损失；第五，在事故发生后，因被保险人未采取必要措施缩小、减少损失或未及时向保险人报险而引发的扩大部分的损失责任。第六，其他不属于该险种责任范围内的一切损失、费用和责任。

　　②技术创新投融资保险。根据该险种的构想，其保险责任应该是被保险人在保险期限内，因投资的技术创新项目失败导致的投资损失，由保险人依照保险合同约定的保险金额和对被保险人给予赔偿的责任。该险种的责任免除有以下几点：第一，造成损失的行为是被保险人或技术创新项目实施方的故意行为或非职业行为，例如投资者故意投资即将失败的技术创新项目或者技术创新项目实施方明知研发失败仍要争取融资；第二，因政治、自然灾害或战争等不可抗力因素对被保险人造成的损失；第三，在事故发生后，因被保险人未采取必要措施缩小、减少损失或未及时向保险人报险而引发的扩大部分的损失责任；第四，其他不属于该险种责任范围内的一切损失、费用和责任。

　　③技术创新核心人才引进保险。根据该险种的构想，其保险责任应该是被保险人在保险期限内，因引进的核心人才由于受伤、生病、死亡或跳槽的原因不能继续为公司创造价值，从而使得公司遭受经济损失，由保险人依法按照保险合同约定的保险金额对被保险人给予赔偿的责任。该险种的责任免除有以下几点：第一，造成损失的行为是被保险人的故意行为或非职业行为，例如公司明知引进的人才即将跳槽仍要投保；第二，因自然灾害、战争或火灾等不可抗力因素对被保险人造成的损失；第三，因核心人才故意隐瞒自身疾病史导致人才流失对公司造成的损失；第四，因被保险人与核心人才或相关公司私下达成合作故意使得核心人才跳槽造成的损失；第五，在事故发生后，因被保险人未采取必要措施缩小、减少损失或未及时向保险人报险而引发的扩大部分的损失责任；第六，其他不属于该险种责任范围内的一切损失、费用和责任。

　　④高新技术创业信贷保证保险。根据该险种的构想，其保险责任应该是在保险期限内，被保险人因创业失败无法按期偿还所有信贷资金，造成信贷机构资金损失，依法由被保险人承担的经济赔偿责任。第一，造成损失的行为是被保险人的故意行为或非职业行为；第二，因自然灾害、战争或火灾等不可抗力因素对被保险人造成的损失；第三，因被保险人的违法犯罪行为、经济纠纷致使其财产被罚没、查封、扣押、抵债等而失去还贷能力；第四，被保险人隐瞒自身财务状况或出示虚假的资信证明材料；第

五,在事故发生后,因被保险人未采取必要措施缩小、减少损失或未及时向保险人报险而引发的扩大部分的损失责任;第六,其他不属于该险种责任范围内的一切损失、费用和责任。

⑤高新技术创业投资保险。根据该险种的构想,其保险责任应该是被保险人在保险期限内,因投资的高新技术创业项目失败导致的投资损失,由保险人依照保险合同约定的保险金额和对被保险人给予赔偿的责任。第一,造成损失的行为是被保险人或高新技术创业者的故意行为或非职业行为,例如投资者故意投资即将失败的创业项目或者创业者明知研发失败仍要争取融资;第二,因政治、自然灾害或战争等不可抗力因素对被保险人造成的损失;第三,因投资的创业项目违背国家法律致使创业失败从而无法偿还投资;第三,在事故发生后,因被保险人未采取必要措施缩小、减少损失或未及时向保险人报险而引发的扩大部分的损失责任。第四,其他不属于该险种责任范围内的一切损失、费用和责任。

⑥大学生及科研人员创业保险。根据该险种的构想,其保险责任应该是在保险期限内,被保险人因创业失败导致的经济损失,由保险人依照保险合同约定的保险金额对被保险人基于赔偿的责任。第一,造成损失的行为是被保险人的故意行为或非职业行为;第二,因政治、自然灾害或战争等不可抗力因素对被保险人造成的损失;第三,因创业项目违背国家法律致使创业失败造成的损失;第四,被保险人出示虚假的身份证明和资信证明材料;第三,在事故发生后,因被保险人未采取必要措施缩小、减少损失或未及时向保险人报险而引发的扩大部分的损失责任。第四,其他不属于该险种责任范围内的一切损失、费用和责任。

(3)保险期限和保险责任开始时间

保险期限是指保险人对被保险人承担保险责任的起讫时间。①技术成果转化保险。根据该险种的构想和精算设计,其保险期限应当与被保险人从事技术成果转化项目的起止时间相同,即从技术成果转化项目开始之日起至技术成果转化项目成功或失败结束之日止。②技术创新投融资保险。根据该险种的构想和精算设计,其保险期限从被保险人投资的开始之日到以各种方式收回同等融资资金之日为止。③技术创新核心人才引进保险。

根据该险种的构想和精算设计，其保险期限从核心人才引进之后开始参与技术创新工作之日起至其无法为公司继续创造价值之日为止。④高新技术创业信贷保证保险。根据该险种的构想和精算设计，其保险期限从信用贷款发放之日起至借款人按照贷款协议规定清偿全部贷款本息余额之日为止。⑤高新技术创业投资保险。根据该险种的构想和精算设计，其保险期限从投资人签订投资协议之日起至以各种方式收回同等投资资金之日为止。⑥大学生及科研人员创业保险。根据该险种的构想和精算设计，其保险期限从被保险人创业开始之日至创业失败之日为止。

（4）保险价值

保险价值是指保险标的的实际价值，它可以在保险合同中直接注明，也可以在损失发生之后根据市场价值给予评估。①技术成果转化保险，其保险价值应当以技术成果转化项目失败对企业造成损失后的市场价值进行评估。②技术创新投融资保险，其保险价值是技术创新项目失败对投资人造成的损失大小。③技术创新核心人才引进保险，其保险价值是引进的技术创新核心人才流失对公司造成的损失大小。④高新技术创业信贷保证保险，其保险价值是高新技术创业企业无法偿还的信贷资金的金额。⑤高新技术创业投资保险，其保险价值是高新技术创业项目失败对投资人造成的损失。⑥大学生及科研人员创业保险。其保险价值是大学生及科研人员创业失败对自身造成的损失。

（5）保险金额

保险金额是指在合同中载明的，由保险人承担或者给付保险金责任的最高限额。保险金额是在保险价值的基础上确立的。①技术成果转化保险，应当与其保险价值相同，是因市场需求发生变化导致技术成果转化失败造成的损失的大小，并且原则上造成损失的大小不能超过成果转化项目的投资额。②技术创新投融资保险，是技术创新企业无法偿还的投资资金部分，不能超过投资额。③技术创新核心人才引进保险。保险金额是因核心人才流失造成的损失大小，并且原则上不能超过人才引进的投入费用。④高新技术创业信贷保证保险。保险金额是创业企业无法偿还的信贷资金部分，并且原则上不能超过贷款金额。⑤高新技术创业投资保险。保险金额是高新技术创业企业无法偿还的投资资金部分，并且原则上不能超过投资额。⑥大学生及科研人员创业保险。保险金额可综合当地人均收入水平、物价水平等按等级确定固定金额，当保险事故发生时，直接按照约定的保险金额进行补偿。

第 4 部分

科技保险新险种的运作
机制和发展模式研究

12　科技保险新险种的运作机制分析

面向"双创"的科技保险新险种是为了重点规避创新和基于创新的创业过程中可能存在的人员和资金风险而设计的险种。基于以上对科技保险新险种的设计分析，按照险种类别将六个新险种分为三类，分别是保证保险、信用保险和人员保险。不同类别险种的运作主体和运作机制有所差异，但是同一类别下的新险种运作机制相似，具体分析如下。

（1）保证保险

技术成果转化保险属于保证保险，其运作主体主要包括科研单位、生产企业、科技保险公司和政府。科研单位是科技成果的供给主体，企业是科技成果转化和推广过程中的重要运作主体，科技保险公司是科技保险的承保主体，也是科技成果转化和推广过程中重要的风险分摊主体，政府则是科技成果转化和推广过程中的引导主体。技术成果转化的需求发起方既可以是科研单位又可以是企业，合作过程有两种形式：一种是科研单位完成科技研发后需要进行成果转化，于是与生产企业合作进行大规模生产；另一种是企业在经营过程中产生一些技术创新的需求，但是由于自身研发能力有限，于是选择与科研单位进行合作，由科研单位进行科技创新，然后由企业与科研单位共同进行成果转化。在这两种形式中，科研单位是技术成果的创新主体，承担的风险更大，为了规避市场需求变化导致的成果转化失败带来的损失，往往由科研单位投保技术成果转化保险，科技保险公司权衡其风险和收益之后承保。若发生市场需求变化而导致的成果转化失败情况时，科技保险公司会对科研单位和生产企业进行理赔。科技成果转化具有一定的风险性，同时对社会又具有正外部性，因此需要政府发挥引导作用，政府通过出台相关引导性政策，例如科研单位创新研究补贴政策，科技保险公司税收优惠补贴政策等，引导科研单位进行成果转化，推动我国科技创新发展（见图 12 – 1）。

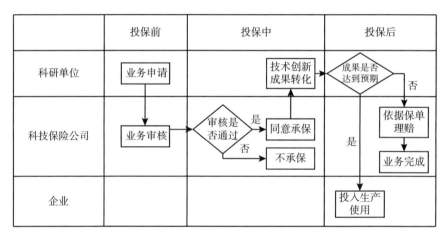

图 12 – 1　技术成果转化类保险运作机制

技术成果转化保险可以为科技成果产业化保驾护航，降低科研单位和生产企业的风险感知，激发成果转化意愿，有利于提高技术成果转化率。在政府引导下，由科研单位、生产企业投保，保险公司承保的技术成果转化保险，分散了以前集中的创新风险，并且增强了科研单位和生产企业的信心，从而有助于研发出更适合我国经济发展的高科技成果，并且转化为高附加值的产品。

（2）信用保险

技术创新投融资保险、高新技术创业信贷保证保险、高新技术创业投资保险这三种保险都属于信用保险。其中，技术创新投融资保险和高新技术创业投资保险属于创新投融资保险，其运作主体主要包括融资方如创业公司或研究机构、投资方、保险公司和政府（见图 12 - 2 和图 12 - 3）。融资方是技术创新的主要主体，投资方是技术创新资金来源的基础主体，科技保险公司则是科技保险的承保主体，也是投融资过程创业公司的信用担保主体，政府则是投融资过程的引导主体。由于融资方进行技术创新，或者融资方利用已有的高新技术作为核心竞争力创业时，都需要大量资金，融资方可能会向风险投资机构融资。在融资方向风险投资机构融资时，投资方为了在产权流动中实现资金回报，希望融资方投保投融资保险证明其信用，或者融资方主动投保投融资保险，提高信用，从而吸引投资，科技保险公司在对融资方进行专业资信调查之后承保。当融资方出现无法偿还所有投资资金时，由保险公司根据合同赔偿风险投资机构。科技保险存在一定的逆选择和道德风险，因此需要政府出台相关引导性政策，例如，风险投资机构税收补贴政策等，引导企业顺利吸引投资，保证企业资本运营。

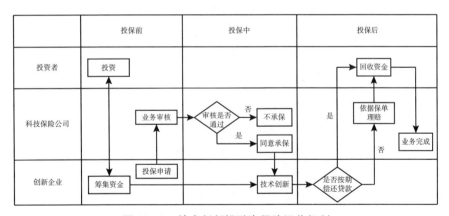

图 12 - 2　技术创新投融资保险运作机制

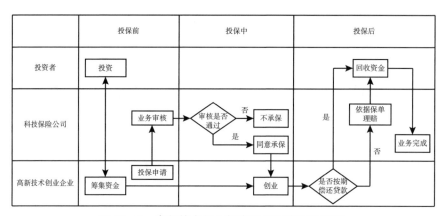

图 12 - 3　高新技术创业投资保证保险运作机制

高新技术创业信贷保证保险属于信贷保险,其运作主体主要包括创业公司、银行等金融机构、保险公司和政府(见图 12 - 4)。创业公司是高新技术创业的主要主体,银行等金融机构是创业过程中的资金提供主体,科技保险公司是科技保险的承保主体,也是信贷过程创业企业的信用担保主体,政府则是信贷过程的引导主体。高新技术创业信贷保证保险的运作机制是由于企业利用高新技术创业需要资金支持,企业还会考虑向银行贷款。为提高自身信用,企业会向科技保险公司投保高新技术创业信贷保证保险,从而可以凭借保单作为抵押得到贷款。当企业出现项目失败问题而导致无法偿还贷款时,保险公司会部分补偿银行。由于科技保险可能引起市场失灵的问题,则需要政府出台相关政策加以引导,例如,创业公司贴息贷款政策、银行贷款补贴政策等,引导企业正确进行信贷工作,合理利用资金。

在政府的引导下,通过保险公司对初创公司的专业信用调查,这使保险公司与被保险企业间的信息基本对称,构建了一个资金和资产相互转化的平台,提高了交易效率,银行或投资机构在投资过程中取得更多收益,初创企业降低融资成本以及资金筹集难度,科技保险公司得以发展,区域经济得以提升,实现了四方主体共赢。

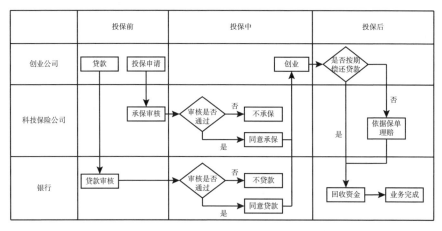

图 12 - 4　高新技术创业信贷保证保险运作机制

（3）人员保险

技术创新核心人才引进保险和大学生及科研人员创业保险属于人员保险（见图 12 - 5）。其中，技术创新核心人才引进保险运作主体主要包括高新技术企业、技术创新人才、科技保险公司和政府。技术创新人才是技术创新的重要主体，也是科技保险的被保险主体，高新技术企业是技术创新的主要主体，保险公司是科技保险的承保主体，也是企业防止人才流失的担保主体，政府则是人才引进的引导主体。技术创新核心人才引进保险的运作机制是高新技术企业为规避人才损失带来的风险，其会选择购买技术创新核心人才引进保险，科技保险公司在权衡之后选择承保。科技保险公司在承包期间，可以帮助企业监测被保险人的身体状况和在公司的工作情绪，降低其发生意外和跳槽的概率，从而减少公司可能发生的损失。一旦发生人才流失的情况，科技保险公司则要对企业进行赔偿。

大学生及科研人员是"双创"的主要主体，科技保险公司是科技保险的承保主体，也是"双创"的"兜底"保障主体，政府则是"双创"工作的引导主体。大学生及科研人员在进行个体创业过程中，为了规避创业失败带来的巨大损失，会选择投保大学生及科研人员创业保险，科技保险公司对投保企业进行风险和利益评估之后，选择承保，并根据企业收入和当地平均收入水平确定保额。在承保过程中,保险公司会帮助他们在创业时进行风险控制监测,尽量降低创业风险。一旦发生创业失败情况,保险公司会根据保额给予大学生及科研人员补偿,为创业企业提供"兜底"保障(见图 12-6)。

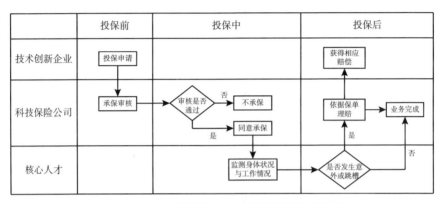

图 12-5 技术创新核心人才引进保险运作过程

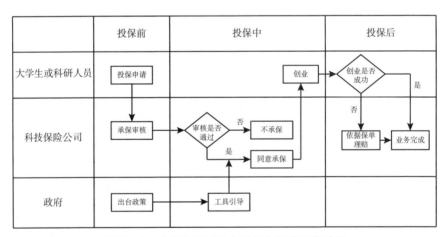

图 12-6 大学生及科研人员创业保险运作过程

此类保险带有情感性,技术创新核心人才引进保险降低初创企业失去人才的成本,降低跳槽或身体发生状况的概率,从而减少公司可能发生的损失。大学生及科研人员创业保险降低了创业的显性成本以及机会成本，这使得更多人投身于创业，迸发出更多、更好、更实用的创意，激发创业浪潮。

不管是保证保险、信用保险，还是人员保险，在不同的科技保险运作过程中，多方主体不是一个静态决策过程，而是多方参与、共同协作的动态决策过程，每个主体在这过程中，都会不断调整、学习。政府在其中都起到一个引导的作用，通过出台相关政策，使科技保险在分摊风险时更好地发挥作用，例如，创新企业财政税收减免政策，科技保险公司财政补贴政策等。科技保险公司起到一个保护屏障的作用，通过分摊其他主体的风险，让其他的投保主体都可以专注于企业运转，科技保险不仅有利于投保主体发展，而且有利于科技保险公司发展。对于包括企业、科研单位、大学生及科研人员在内的投保主体来说，科技保险是一层保障，使得这些投保人更加坚定了创业创新的信心，有利于主体发展，并且有利于推进国家创业创新的进程。对于银行或投资机构来说，科技保险是一个担保，分散了银行或投资机构的风险，并且让银行或投资机构可以从企业运行中获利。

科技保险多方协作，共同分摊在创新创业中可能出现的各种风险，降低各主体承担的风险，有助于提高企业创新意愿，提升区域的创新能力，对社会经济发展具有促进意义。

13　我国科技保险发展模式的现状分析

一直以来，我国科技保险发展模式主要是在落实国家相关支持技术创新企业及科技保险税收优惠政策的基础上，以保费补贴为核心，通过政府支持、宣传科技保险险种，并引导企业投保和保险公司承保的方式进行发展。

在保费补贴方面，各地积极出台相关政策。例如，2019 年湖州市政府发布《市级科技保险政策基本情况》，明确提出给予高新技术企业 20% ~

50%的科技保险费补贴，并且每家企业当年度补贴最高额10万元。2020年江苏省发布《苏州高新区科技企业科技保险保费补贴实施细则》（以下简称《细则》），《细则》提到要扩大保费补贴的企业和险种范围，让更多科技企业享受补贴政策红利。同时，各地政府都不断争取和引进更多保费补贴资金，2020年武汉市引进保险资金1 000亿元以上，2021年，上海市累计争取科技保险补贴发放约3 000万元。

在支持引导方面，科技保险引导性政策分为两类：一类是直接作用于科技保险的，例如，2020年江苏省出台的《苏州高新区科技企业科技保险保费补贴实施细则》中指出为加强服务、简化流程，现只要求有保险公司或提供服务的保险经纪任何一方盖章即可申报保费补贴；另一类则是在打造科技保险的环境建设上提出对应的建议，例如，2020年武汉发布的《东湖科技保险创新示范区总体方案》中指出以政府为主导，联合区内各类保险机构，打造科技保险综合服务平台，围绕企业全生命周期的风险点，制定专属保障方案。

虽然现行的发展模式对科技保险在我国的应用和推广产生了一些促进作用，但同时在现行的科技保险发展模式下，科技保险的发展也出现了一些问题，具体如下：一是保费补贴权重不同，险种发展不平衡。保费补贴采取分类定率的方法，即不同险种的激励权重不同，但这不足以激励企业主动购买必要性高的险种，而且不易引起企业对一些不易推广的险种的关注，反而容易引起险种发展失衡的问题。分类定率的方法也不利于科技保险公司推广新险种，尤其是那些与传统险种相近的，且难以体现科技性质的科技保险。险种的激励权重不同，使得企业对险种的关注度不同，企业投保不同种类科技保险的意愿差距较大，导致科技保险发展不均衡。二是政策门槛高、金额少，企业参保率低。有些地区对享受优惠政策的对象的设定条件过高，把一些潜在参保企业拒之门外。同时，有的地区对科技企业的补贴比率和补贴金额较低，例如，湖州市规定单个企业每年补贴最高额为10万元，这明显对科技企业投保的支持力度不够。过高的补贴门槛和过少的补贴金额使得企业获得保费补贴的机会较少，导致科技企业参保率低。三是政策调整不及时，科技企业创新动力不足。政府政策没有随着险种发展状况而实时调整，长期采取相同的保费补贴比例政策和税收补贴政策。相同的补贴比例与政策，不但无法提高企业对科技保险的重复购买率，而且无法激发企业对科技保险新险种的尝试欲望。同时，长期的补贴比例和政策，致使企业对补贴的敏感度上升，但对科技保险作用认识不足，企业会因保费补贴偶尔尝试购买新险种，持续投保的企业却较少。没有及时调整的政策导致科技企业不愿购买科技保险，由于创新风险大，当科技企业没有保险保障时，其可能创新意愿就会低下。四是政府对科技保险公司支持不足，科技保险公司创新意愿低。科技企业投保积极性不高的原因之一是现有科技保险险种无法满足科技企业需求，但科技保险险种和承保方式容易被复制，同时我国对知识产权保护的相关政策也不完善，导致科技保险公司不愿积极创新科技保险险种。同时，它们认为承保科技保险的风险较大，且盈利不足，所以也不愿主动承保。在上述的现实情况下，政府对科技保险公司的支持还只是停留在税收优惠补贴和支持引导层面，显然这不足以激励保险公司积极创新险种和积极承保。

14　科技保险新险种的发展模式创新需求分析

基于上述对于我国科技保险现状的分析可知，我国科技保险现存问题主要是主体参与度低和科技保险公司独自承担所有风险。现有发展模式导致科技保险公司对于保费补贴政策的依赖性较强，不能形成良好的市场运作。同时，新险种相较于现有险种不仅增加了运行主体，例如银行、风险投资机构等，而且涉及创新和创业的过程，承保的范围扩大，运行风险也随之增加，因而政府应改变现有的保费补贴政策的发展模式。具体新发展模式创新需求分析如下。

（1）创新政府参与方式，提高各主体参与度

科技保险主要参与主体有科技保险公司和科技企业，基于现状分析可知，两者在科技保险运作中都并未发挥其真正作用，使得科技保险发展迟缓。要想建立良好的科技保险生态，需要创新政府参与方式，提高两个主

体的参与度。

首先，从科技保险公司承保方式和范围考虑，现有科技保险运行模式较为单一，使得科技保险公司的参与方式有限，同时，科技保险公司的保费收益不足以让其花费大量时间和资源去参与到保险运作的全程中，所以科技保险公司参与度低。但在科技保险新险种中，科技保险公司承保的范围更广泛，其业务涵盖创新和创业两部分，承担风险更高，所以新险种对科技保险公司要求也有所增加。所以新发展模式若要降低风险发生率，则需要增强科技保险公司参与程度，提高风险管控度。其次，从科技保险公司服务对象及过程考虑，科技保险公司的低参与度让科技企业体验感差，客户感知价值与保费不符，大大降低了科技企业投保率，所以现在需要增加科技保险公司对科技企业的服务功能，从而激励科技企业购买新险种。

从另一科技保险主要参与主体——科技企业的参与方式考虑，科技企业过去只简单参与缴费过程，对于保险运行过程中其他行为参与较少，这不利于科技保险公司开展工作，也没有真正发挥到科技保险的作用。因此，新发展模式需要增强科技企业参与度，保证保险正常运作。

综上，旧发展模式并未让每个主体切实地参与到科技保险运作过程中发挥其真正作用，导致科技保险现在存在较多问题，阻碍了科技保险产业的快速发展。因此，新的发展模式需要创新政府参与方式，提高科技保险公司和科技企业的参与度。

（2）激励更多主体参与，降低科技保险公司风险

现有科技保险公司运行模式多以"投保—理赔"形式为主，运作主体只有科技企业和科技保险公司，所以科技保险公司一方承担了保险运行中所有风险，且盈利不足，导致其不愿承保。虽然科技保险新险种引入了更多的运作主体，但运作主体间关联度较低，因而科技保险新险种的发展模式则需要创新各主体的参与方式，有效整合各主体的资源与能力，进而分摊科技保险公司承担的风险。例如，技术创新投融资保险的运作主体主要包括融资方如创业公司或研究机构、投资方和保险公司，新的发展模式则需要考虑如何让三方主体有效地参与到保险运作中，进而使得各方主体感

知风险最小化。

15　科技保险新险种发展模式创新的总体思路

科技保险新险种发展模式旨在提高科技企业投保和科技保险公司承保意愿，并基于上述对于新险种的发展模式创新需求分析可知，新险种发展模式创新需求来源于两方面：一方面，新发展模式需要加强政府对科技保险运作过程的控制度，从而加深主体参与度；另一方面，需要激励更多主体参与到新险种运作过程中，进而分摊科技保险公司承担的风险。因此，新发展模式需要从科技保险公司成为"双创"生态体系的服务机构、构建社会分摊体系和发展再保险行业三方面着手，构建良好的科技保险生态，从而推动科技保险发展。具体做法如下。

（1）与科技企业服务体系及"双创"生态体系相融合，鼓励科技企业投保

科技保险存在严重的信息不对称问题，使得科技保险公司获取信息的方式有限，从而科技保险公司不能为科技企业提供优质的服务，科技企业投保意愿低下。

其一，要想缓解信息不对称的问题、加强各主体参与度，从而促进科技保险行业发展，政府需要引导科技保险公司成为科技企业孵化发展过程中的一个重要服务主体以实现双方信息沟通。在科技保险公司参与到科技企业孵化发展过程中后，科技企业会更加了解科技保险公司并且更加信任保险公司，从而主动提供基本信息和与险种相关的信息以供科技保险公司了解，科技保险公司则会收集并分析科技企业的信息，从企业投保前开始实时追踪科技企业的信息动态，给予科技企业阶段性信息反馈，并监督科技企业及时改正。同时，政府必须保证信息的保密性，做到只有保险运作主体了解信息，明令禁止科技保险公司使用科技企业的信息从事与险种不相关的活动。科技保险公司成为科技企业孵化过程中的服务机构有利于实现信息对称，加强主体参与度。一方面，科技企业主动提供信息，不仅切

实参与到保险运作过程中,而且有利于科技保险公司开展工作;另一方面,科技保险公司收集、分析信息并给予阶段性信息反馈,既能监测整个保险运作过程,降低风险发生概率,又可以为科技企业提供优质服务,推动科技保险发展。

其二,为提高科技企业投保意愿,政府应考虑将科技保险与"双创"生态体系相融合,引入科技保险公司,建立创新创业风险分担机制,助力创新创业生态系统的形成和发展。即将科技保险融入某一固有产业,使两者共同发展。科技保险与"双创"生态体系的有效融合,使得其发展更具特色,并且更方便获取某一产业相关资源与信息,适时调整相关险种服务方式,这有利于提高科技企业的服务感知和增加其投保意愿。

(2)引导更多社会分摊主体参与,多主体共担科技保险风险

科技保险的风险集中在保险公司,从而加大了科技保险公司的风险感知,使得其不愿承保,造成市场供给不足的问题。其中,科技保险公司的风险主要来源于理赔和时间、管理成本。因此,政府应搭建信息服务平台、协调形成风险分摊机制,降低保险公司的承保风险,提高科技保险公司的承保意愿。

从外部主体分散风险角度考虑,现有科技保险的发展模式中,各运作主体关联度较低,主体业务管理分散。要想降低保险公司的承保风险,需要引入更多主体参与到运作过程中,并提高多元主体的协同度。科技保险新险种中引入银行、风险投资机构等主体,但在原有发展模式中各主体关系并不紧密,并未真正参与到保险运作过程中。因此,政府需要搭建信息服务平台,协调多元主体的关系。有效的信息沟通与分享,能有效地实现资源与能力的重组,从而降低科技风险发生率。各主体优势领域不同,政府利用平台整合各主体优势能力,进而可以在科技保险运作中发挥不同的作用。例如,从时间、管理成本方面考虑,风险投资机构可以协同科技保险公司一起对科技企业进行咨询管理,深入了解科技企业现状,并及时调整投资金额。对风险投资机构而言,共同咨询管理有利于其了解科技企业经营状况,及时调整投资比例和及时纠正企业错误行为。对科技保险公司

而言，共同咨询管理则降低了保险公司的成本和风险发生率。此发展模式有效地利用优势资源，使得各主体参与到保险运作过程中，实现了单一主体向保险主体网络的转变，提高了各主体间的关联度，分散了科技保险公司的风险。

（3）构建科技保险再分摊体系，直接有效分摊科技保险公司风险

从对保险公司提供保障角度考虑，为直接有效地分摊科技保险公司承担的风险，政府还应该让再保险公司加入风险分摊过程。科技再保险是科技保险公司在承保科技保险后，为了对承保的业务进行有效的风险管控，降低可能发生的风险损失对其造成的不利影响，将部分承保的风险责任转移给再保险公司，并支付保费的过程。科技保险再保险运作过程是科技保险公司在承保科技保险后作为投保人，以其已经承保的创新项目的科技风险作为标的，向科技保险再保险公司投保。相较于其他分摊风险的形式，科技再保险更直接地分摊了超出科技保险公司自身承受能力的风险。如果将再保险引入新险种发展模式，就可以有效降低科技保险公司的风险感知，提升其承保意愿和能力，达到推动科技保险发展的目的。由于再保险可以直接有效分摊科技保险公司风险，科技保险公司承保业务繁多，可以和再保险公司达成长期合作，将承保业务批量向再保险公司投保，双方形成战略合作伙伴关系。与再保险公司合作的方式适合风险损失大、不确定性高的巨额科技风险，例如技术成果转化保险，由于市场需求的不确定性较高，科技成果转化失败的可能性较大，科技保险公司承保后承担的风险巨大，所以该保险适合这种方式。然而，基于我国再保险发展现状分析，中国再保险行业存在主体数量少、规模小、承保能力弱等问题，想要有效分摊科技保险风险，尚存在较大困难。因此，政府应该着力培养再保险行业，让其发挥应有的作用。

16 科技保险新险种的发展模式设计

16.1 科技保险与科技企业孵化器的联合发展模式

基于前文分析可知,要想解决科技保险信息不对称的问题,提升科技保险公司服务水平,进而提高科技企业参保率,政府需要引导科技保险公司成为科技企业孵化器的一个重要服务主体,以此实现双方的有效沟通。

在大众创业、万众创新的浪潮下,为引导各类社会主体投身创新创业,政府建设了一批科技企业孵化器,旨在为新创办的科技型中小型企业提供物理空间及一系列创新创业服务。为给予科技企业更好的服务,进而促进其成长,政府需要不断提升科技企业孵化器的发展质量与效益,引入更多的社会力量为孵化器及其在孵企业提供专业化和个性化服务。

在保险服务支持方面,政府采取科技保险与科技企业孵化器联合发展的模式,将科技保险公司纳入科技企业孵化器体系中,使其成为科技企业服务主体。在中小型科技企业成功入驻孵化器之后,科技保险公司对科技企业进行全面调查,而后由科技保险公司专业人员针对不同科技企业的情况提供相关投保指导,使科技企业按需选择险种进行投保,政府则按险种种类给予不同比例的保费补贴以减少科技企业的投保压力。在科技企业投保之后,科技保险公司承保,并在整个保险运作过程中实时追踪科技企业的信息动态,给予科技保险阶段性反馈,并监控科技企业及时改正。以大学生及科研人员创业保险为例,大学生或科研人员申请入驻后,科技保险公司可以与其联系、沟通,并给大学生或科研人员一些投保或企业运行建议。大学生或科研人员可以向孵化器申请投保保费补贴,投保大学生及科研人员创业保险。科技保险公司承保后,需要实时监测大学生或科研人员企业的动向,并及时给予反馈、及时纠偏,大学生或科研人员也需要及时提供信息,及时与科技保险公司沟通。

科技保险与科技企业孵化器联合发展模式不仅使科技企业与科技保险公司有效沟通，解决了信息不对称的问题，而且提高了科技企业的服务感知，进而提升科技企业的投保率。对于科技保险公司而言，联合发展模式使得科技保险公司深入参与到科技保险运作中，一方面，科技保险公司为科技企业提供信息咨询等业务，既监测保险运作过程，又降低风险发生概率，提高了保险业务收入；另一方面，科技保险公司在监测科技企业发展过程中，更方便地获取某一产业相关资源与信息，适时调整相关险种服务方式，有利于科技保险业务的长远发展。对于科技企业而言，联合发展模式为科技企业的长远发展提供了保障，一方面，联合发展模式使得科技企业更了解科技保险公司并信任科技保险公司，培养了科技企业的投保意识；另一方面，联合发展模式较大限度地降低了风险发生概率，并有效地为科技企业提供建议，使其可以良性发展。

16.2　科技保险与社会分摊体系的协同发展模式

由于科技保险风险主要集中在科技保险公司，科技保险供给量较为低下。为提高科技保险公司承保意愿，政府应搭建信息服务平台、引导各类社会主体参与协调形成风险分摊机制。

由于科技保险新险种涉及多类主体，且科技保险风险集中，政府需要构建社会分摊体系，使各个主体与科技保险协同发展。综合利用各种政策工具，基于投融资平台，吸引各类社会风险分摊主体加入，集聚人才、技术和资金要素，共同为科技保险构建分摊体系，推动科技保险产业高质量发展。通过信息服务平台，政府有效协调多元主体的关系，实现各主体间的协同效应，从而降低科技风险发生概率。政府利用平台整合各主体优势能力，使其可以在科技保险运作过程中发挥不同的作用。例如，从时间、管理成本方面考虑，风险投资机构可以协同科技保险公司一起对科技企业进行咨询管理，深入了解科技企业现状，并及时调整投资金额。对于社会风险分摊主体，可以通过风险补偿机制，例如准备金补贴、税收补贴或者预期损失补贴等，间接降低银行、担保机构和风险投资等这类社会风险分

摊主体的分摊成本，提升风险分摊意愿，降低科技保险公司的风险，进而
提升其承保意愿。以技术创新投融资保险为例，在科技企业因技术创新需
要融资时，风险投资机构要求科技企业投保技术创新投融资保险以证明其
信誉，科技企业为获得较高信誉，选择投保技术创新投融资保险。在科技
保险公司为科技企业提供信用证明后，风投公司可以一起协同科技保险公
司对科技企业做咨询管理，及时调整投资金额。

科技保险与社会分摊体系的协同发展模式有效配置各方资源，保证科
技保险产业平稳发展。这一模式实现了单一主体到保险主体网络的转变，
提高了各主体间的关联度，实现了主体间的协同效应，分散了科技保险公
司的风险。

16.3 基于再保险的科技保险集群化发展模式

为直接有效分摊科技保险公司的风险，提升科技保险公司的承保意
愿，进而间接提高企业的抗风险能力和创新意愿，提升区域的创新能力，
政府可以引导再保险公司参与到科技保险运作过程中。科技再保险是科技
保险公司在承保科技保险后，为了对承保的业务进行有效的风险管控，降
低可能发生的风险损失对其造成的不利影响，将部分承保的风险责任转移
给再保险公司，并支付保费的过程。科技再保险是将再保险引入科技保险
领域的具体表现形式，其投保人必须是科技保险公司，所投保的标的必须
是其已经承保的创新项目的科技风险，且符合风险损失大、不确定性高的
巨额科技风险特征。

16.3.1 科技再保险的运作机理分析

科技企业是开展技术创新活动的重要主体，也是科技再保险运作的基
础主体。企业在市场竞争压力和技术创新带来的超额利润的双重驱动下，
根据自身业务特点和能力选择开展创新活动，而创新过程中可能存在的巨
额风险损失又会驱使企业对科技风险进行转移。科技保险公司是企业转移
科技风险的重要对象，也是科技保险的承保主体。保险公司在评估承保风

险和自身承保能力的基础上，制定理想的保费价格，与企业协商一致后完成承保交易。虽然承担风险的同时也能获得收益，但是当风险感知过大或者承保能力不足时，保险公司又会将自身风险进一步分散，将其所承保的部分风险和责任转移给再保险公司，从而降低自身风险感知，减轻承保压力。科技再保险公司是保险公司对科技风险进行二次转移的对象，也是科技再保险的承保主体。再保险公司在权衡潜在利益和可能的风险后，选择承保再保险，实现科技风险从科技保险公司向再保险公司的转移。

除了创新企业、科技保险公司、再保险公司这三方核心主体外，科技保险正外部性的特征，决定了科技再保险的运作还必须由政府作为引导推动主体，帮助解决市场失灵引发的各类问题，更好地发挥再保险在科技保险中的风险分摊作用。政府通过出台引导性政策，例如对企业创新活动的财政支持政策，对科技保险公司和再保险公司的税收优惠政策和保费补贴政策等，在科技再保险运作中发挥引导推动作用，帮助解决再保险动力不足的问题，从而提高科技再保险的成交率。同时，科技再保险的推行还有利于提升科技保险公司的承保意愿，进而间接提高企业的抗风险能力和创新意愿，提升区域的创新能力，对社会经济的发展具有良好的外部溢出效应，从而产生政府干预科技再保险的内部驱动力。

在科技再保险的运作过程中，四方主体并非是一个静态决策过程，而是基于其他参与方决策，进行不断调整、学习和"试错"的过程。因而本节选择使用基于有限理性假设的进化博弈理论作为分析工具，通过分析四方主体不同行为的进化博弈过程，得出影响科技再保险稳定发展的关键因素，进而提出适合科技再保险发展特点的发展模式。

16.3.2　科技再保险四方主体的进化博弈模型

16.3.2.1　科技再保险进化博弈模型的假设

为了消除特殊因素对进化博弈模型的影响，使模型具有普遍适用性，基于科技再保险四方主体的行为特点，以及科技再保险运作环境，作出如下假设。

（1）假设创新企业的风险偏好为风险中性，且待决策创新项目为高风险项目，致使创新企业具有较强的科技保险投保意愿，即开展创新项目就会投保科技保险，否则就不开展创新项目。

（2）假设科技保险公司的风险偏好为风险中性，面对巨大的承保风险，具有较强的再保险投保意愿，即承保科技保险就会投保再保险，否则就选择不承保科技保险。

（3）假设政府为地方政府，针对其行政区域制定并实施科技再保险促进政策。政府决策机制为实时决策，政府可根据本区域科技再保险的发展状况，对政策进行实时决策和调整，以保证博弈过程的连续性。

（4）假设政府引导性投入政策产生的所有社会效益均可转化为货币收益，具体包括保费补贴、税收优惠、政府引导基金等，且政府主体行为服从经济人假设，以政策的投入产出作为政策决策的核心考虑因素。

基于以上主体假设，设计博弈模型基本变量如表 16-1 所示。

表 16-1　　　　　　　　　博弈模型的基本变量名称和含义

	变量含义	变量名称	变量含义	变量名称
企业	选择创新的概率	e	不创新的概率	$1-e$
	创新项目的总成本投入	C_e	预期风险收益	π_e
	项目失败风险的发生概率	p	项目成功的概率	$1-p$
	企业愿意投保的保额	s	只有科技保险公司承保时的企业的市场损失量	L_e
	再保险承保时引起的企业市场损失增量	ΔL_{e1}	政府补偿引起的企业市场损失增量	ΔL_{e2}
科技保险公司	选择承保的概率	x	选择不承保的概率	$1-x$
	承保创新项目的固定费用	C_x	没有投保再保险时承保创新项目的保费定价	π_x
	投保再保险时引起的保费定价下降量	$\Delta \pi_x$	拒绝承保科技保险时市场损失量	L_x
	投保再保险时市场损失增加量	ΔL_{x1}	政府引导性政策引起的市场损失增加量	ΔL_{x2}

变量含义	变量名称	变量含义	变量名称
选择承保的概率	y	选择不承保的概率	$1-y$
承保创新项目总保额的比例	α	承保的固定费用	C_y
没有政府引导性政策时的保费定价	π_{y1}	政府引导性投入给再保险公司带来的价值	C_z
政府引导性投入后保费定价	π_{y2}	再保险公司不承保引起的市场损失量	L_y
政府引导性政策引起的市场损失增加量	ΔL_y		
选择引导性投入概率	z	不选择引导性投入概率	$1-z$
政府引导投入下保险公司和再保险公司同时承保的社会效益	$\Delta\pi_{z1}$	政府引导投入下只有科技保险公司投保的社会效益	$\Delta\pi_{z2}$
政府引导投入下都不承保的社会效益	$\Delta\pi_{z3}$	没有政府引导投入下保险公司和再保险公司同时承保的社会效益	π_{z1}
没有政府引导投入下只有科技保险公司投保的社会效益	π_{z2}	没有政府引导投入下都不承保的社会效益	π_{z3}
政府引导性政策固定费用投入	c_{z0}		

（左侧第一列纵向分组：上半部分为"再保险公司"，下半部分为"政府"）

基于现实分析，以上变量的数量关系应符合以下条件：①以上所有假设变量均为正实数，其中 $0<e<1$，$0<x<1$，$0<y<1$，$0<z<1$；②政府引导性投入的价值不会完全体现在保费定价上，即 $\pi_{y1}>\pi_{y2}>\pi_{y1}-C_z$；③四方主体不同行为下产生的社会效益应当满足：$\Delta\pi_{z1}>\Delta\pi_{z2}>\Delta\pi_{z3}$、$\pi_{z1}>\pi_{z2}>\pi_{z3}$，$\Delta\pi_{z1}>\pi_{z1}$，$\Delta\pi_{z2}>\pi_{z2}$，$\Delta\pi_{z3}>\pi_{z3}$。

16.3.2.2　科技再保险进化博弈模型的构建

根据进化博弈理论，博弈策略效用是各方主体策略选择的决定性因素，也是进化博弈模型分析的核心步骤。根据科技再保险四方主体的核心利益构建如表 16 - 2 所示的博弈效用矩阵。

表 16 - 2　　　　　　　　　　科技再保险的博弈效用矩阵

			创新	不创新
补贴	承保再保险	承保	$((1-p)\pi_e-(\pi_x-\Delta\pi_x)+ps-C_e,$ $(\pi_x-\Delta\pi_x)-C_x-ps+aps-\pi_{y2},$ $\pi_{y2}-C_y-aps+C_z,\ \Delta\pi_{z1}-C_z-C_{z0})$	$(-L_e-\Delta L_{e1}-\Delta L_{e2},$ $-C_x,\ -C_y,\ -C_{z0})$
		不承保	$((1-p)\pi_e-C_e,\ -L_x-\Delta L_{x1}-\Delta L_{x2},$ $-C_y,\ \Delta\pi_{z3}-C_{z0})$	$(0,\ 0,\ -C_y,\ -C_{z0})$
	不承保再保险	承保	$((1-p)\pi_e-\pi_x+ps-C_e,\ \pi_x-C_x-ps,$ $-L_y-\Delta L_y,\ \Delta\pi_{z2}-C_{z0})$	$(-L_e,\ -C_x,\ 0,\ -C_{z0})$
		不承保	$((1-p)\pi_e-C_e,\ -L_x,\ 0,\ \Delta\pi_{z3}-C_{z0})$	$(0,\ 0,\ 0,\ -C_{z0})$
不补贴	承保再保险	承保	$((1-p)\pi_e-(\pi_x-\Delta\pi_x)+ps-C_e,$ $(\pi_x-\Delta\pi_x)-C_x-ps+aps-\pi_{y1},$ $\pi_{y1}-C_y-aps,\ \pi_{z1})$	$(-L_e-\Delta L_{e1},\ -C_x,$ $-C_y,\ 0)$
		不承保	$((1-p)\pi_e-C_e,$ $-L_x-\Delta L_{x1},\ -C_y,\ \pi_{z3})$	$(0,\ 0,\ -C_y,\ 0)$
	不承保再保险	承保	$((1-p)\pi_e-\pi_x+ps-C_e,$ $\pi_x-C_x-ps,\ -L_y,\ \pi_{z2})$	$(-L_e,\ -C_x,\ 0,\ 0)$
		不承保	$((1-p)\pi_e-C_e,\ -L_x,\ 0,\ \pi_{z3})$	$(0,\ 0,\ 0,\ 0)$

注：表中效用顺序为（创新企业效用、科技保险公司效用、再保险公司效用、政府效用）。

根据以上博弈效用矩阵，构建科技再保险各方主体的效用模型。

（1）创新企业的效用模型

设企业选择创新策略和不创新策略时效用分别为 u_{ei} 和 u_{ed}，可得：

$$u_{ei}=xy\Delta\pi_x+x(ps-\pi_x)+(1-p)\pi_e-C_e \tag{16-1}$$

$$u_{z2}=-xL_e-xy\Delta L_{e1}-xyz\Delta L_{e2} \tag{16-2}$$

（2）科技保险公司的效用模型

设科技保险公司选择承保策略和不承保策略时效用分别为 u_{xi} 和 u_{xd}，可得：

$$u_{xi}=-C_x+e(\pi_x-ps)+ey(aps-\Delta\pi_x-\pi_{y1})+eyz(\pi_{y1}-\pi_{y2}) \tag{16-3}$$

$$u_{xd} = -eL_x - ey\Delta L_{x1} - ezy\Delta L_{x2} \qquad (16-4)$$

（3）再保险公司的效用模型

设再保险公司选择承保再保险策略和不承保再保险策略时效用分别为 u_{yi} 和 u_{yd}，可得：

$$u_{yi} = -C_y + ex(\pi_{y1} - aps) + exz(\pi_{y2} - \pi_{y1} + C_z) \qquad (16-5)$$

$$u_{yd} = -exL_y - exz\Delta L_y \qquad (16-6)$$

（4）政府的效用模型

设政府选择引导投入策略和没有引导策略时效用分别为 u_{zi} 和 u_{zd}，可得：

$$u_{zi} = -C_{z0} + e\Delta\pi_{z3} + ex(\Delta\pi_{z2} - \Delta\pi_{z3}) + exy(\Delta\pi_{z1} - \Delta\pi_{z2} - C_z) \qquad (16-7)$$

$$u_{zd} = e\pi_{z3} + ex(\pi_{z2} - \pi_{z3}) + exy(\pi_{z1} - \pi_{z2}) \qquad (16-8)$$

根据进化博弈理论中的动态复制方程构建方法，得到科技再保险四方主体动态复制方程如下：

$$\frac{d_e}{d_t} = x(u_{ei} - \overline{u_e}) = e(e-1)(u_{ed} - u_{ei}) = e(e-1)\big[C_e - (1-p)\pi_e$$
$$-x(L_e + ps - \pi_x) - xy(\Delta L_{e1} + \Delta\pi_x) - xyz\Delta L_{e2}\big] \qquad (16-9)$$

$$\frac{d_x}{d_t} = x(u_{xi} - \overline{u_x}) = x(x-1)(u_{xd} - u_{xi}) = x(x-1)\big[C_x - e(L_x + \pi_x - ps)$$
$$- ey(\Delta L_{x1} + aps - \Delta\pi_x - \pi_{y1}) - eyz(\Delta L_{x2} + \pi_{y1} - \pi_{y2})\big] \qquad (16-10)$$

$$\frac{d_y}{d_t} = y(u_{yi} - \overline{u_y}) = y(y-1)(u_{yd} - u_{yi}) = y(y-1)\big[C_y + ex(aps - \pi_{y1} - L_y)$$
$$+ exz(\pi_{y1} - C_z - \pi_{y2} - \Delta L_y)\big] \qquad (16-11)$$

$$\frac{d_z}{d_t} = z(u_{zi} - \overline{u_z}) = z(z-1)(u_{zd} - u_{zi}) = z(z-1)\big[C_{z0} + e(\pi_{z3} - \Delta\pi_{z3})$$
$$+ ex(\pi_{z2} - \pi_{z3} - \Delta\pi_{z2} + \Delta\pi_{z3}) + exy(\pi_{z1} - \pi_{z2} - \Delta\pi_{z1} + \Delta\pi_{z2} + C_z)\big]$$
$$(16-12)$$

由于科技再保险的进化博弈过程存在四方主体，运用传统的两方进化博弈模型分析方法无法计算博弈结果，因而引入系统动力学模型作为研究工具，通过模拟计算四方主体博弈过程中的策略选择变化情况，进一步分析各方主体行为。根据系统动力学原理，运用 Vensim 软件，构建科技再保险主体行为进化博弈系统流图，如图 16 - 1 所示。

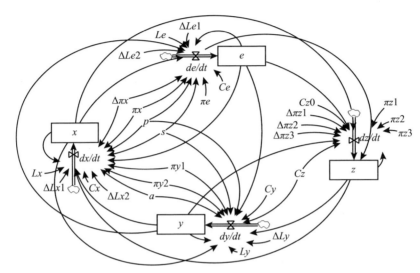

图 16 - 1　科技再保险主体行为进化博弈系统流图

16.3.2.3　科技再保险主体行为的进化博弈分析

为了对科技再保险的主体行为进行进化博弈分析，并验证科技再保险主体行为进化博弈模型的有效性，本节以武汉市为例，收集武汉市科技保险数据作为模拟计算参数设计基础。具体算例参数设计如表 16 - 3 所示。

表 16 - 3　　　　　　科技再保险进化博弈模型算例参数表　　　　单位：百万

参数名称	参数值	参数名称	参数值	参数名称	参数值	参数名称	参数值
p	70%	s	10	ΔL_{e1}	5	ΔL_{e2}	2
C_e	10	π_e	20	ΔL_{x1}	3.5	ΔL_{x2}	2
L_e	10	C_x	5	L_{yzd}	2	π_y	5
L_x	5	π_x	10	$\Delta \pi_{z1}$	5	π_{z1}	2.5
π_{y1}	4	π_{y2}	3.5	$\Delta \pi_{z2}$	4	π_{z2}	2

续表

参数名称	参数值	参数名称	参数值	参数名称	参数值	参数名称	参数值
C_z	1	$\Delta\pi_x$	2	$\Delta\pi_{z3}$	3	π_{z3}	1.5
L_y	2	ΔL_y	1	a	40%		
C_y	3	C_{z0}	1				

首先，分析系统的进化稳定性，分别取 e，x，y，z 的初始值为（0.4，0.5，0.3，0.3）和（0.5，0.6，0.4，0.4）进行模拟，得到模拟计算结果如图 16 - 2 所示。

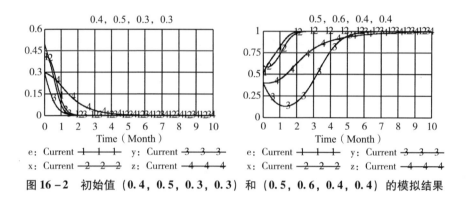

图 16 - 2　初始值（0.4，0.5，0.3，0.3）和（0.5，0.6，0.4，0.4）的模拟结果

由图 16 - 2 可知，科技再保险主体行为进化博弈有且只有两个进化稳定点：（0，0，0，0）和（1，1，1，1）。即当四个主体选择创新、承保、承保再保险和补贴策略的初始概率大于一定值时，进化博弈最终将稳定于（创新、承保、承保再保险、补贴）策略组合，反之，则进化博弈最终将稳定于（不创新、不承保、不承保再保险、不补贴）策略组合。

其次，分析科技再保险公司初始承保意愿对企业创新意愿和科技保险公司承保意愿的影响，结合科技保险实际状况，假设保费定价适中，且企业选择创新策略和科技保险公司选择承保策略初始意愿不足时，取 $\pi_x <$ $ps + L_e - C_e + (1-p)\pi_e$，即 $\pi_x = 10$，取 (e, x) 初始值为（0.5，0.6），然后，分别取再保险承保初始概率为 0，0.2，0.4，0.6，0.8 进行系统模

拟计算，得到如图 16 - 3 所示的进化结果比较。

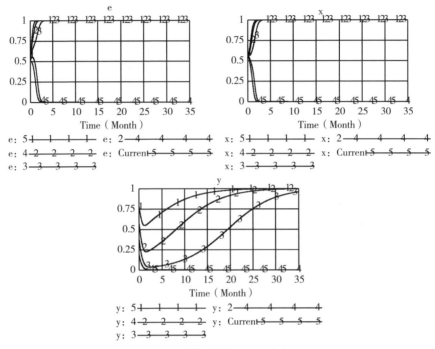

图 16 - 3　科技再保险策略影响比较

基于以上模拟结果可知，科技再保险对企业创新和科技保险承保的初始意愿具有正向促进作用，可以有效解决科技保险公司承保初始意愿和企业创新初始意愿低的问题。但是，只有当再保险承保概率达到一定值时，科技再保险才能起到促进作用。

最后，分析政府引导性投入对科技再保险主体行为的影响。取（e，x，y）初始值为（0.5，0.6，0.25），然后，分别取政府参与引导的初始概率为 0，0.2，0.4，0.6，0.8 进行系统模拟计算，得到进化结果比较，如图 16 - 4 所示。

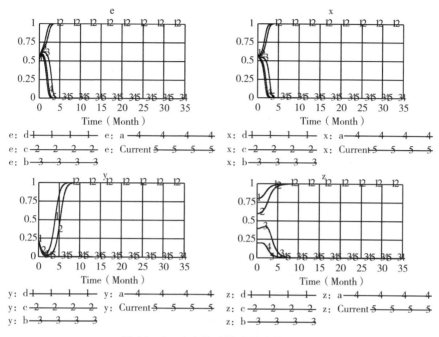

图 16 - 4   政府补贴策略影响效果比较

基于以上模拟结果可知，当再保险公司初始意愿不足时，政府引导性投入对再保险公司的承保策略选择有正向促进作用，可以有效解决再保险公司的初始承保意愿不足问题。

16.3.2.4   科技再保险进化博弈模型模拟结果分析

基于模型分析，可以得出以下结论：第一，将再保险引入科技保险能够有效降低科技保险公司的风险感知，增强科技保险公司的承保能力，从而有效解决科技保险公司初始承保意愿不足的问题。第二，再保险发展初期需要提升再保险公司承保意愿，当再保险公司初始意愿不足时，科技再保险难以有效发展。第三，政府的引导性政策有助于在短期内快速提升再保险公司的承保意愿，一旦再保险公司的承保意愿达到一定高度，市场化驱动机制生效，政府可以采取降低投入方式逐步退出。

结合科技再保险主体行为分析结论，中国要想发展科技再保险，进而推动科技保险发展，必须将政策重心从需求侧向供给侧转移，从增强直接承保公司分保意愿转向提升再保险公司承保意愿和承保能力，着力培育一批优秀的科技再保险的承保公司。再保险产业的发展，直接有利于科技再保险的发展，从而发挥再保险对科技保险公司的风险分摊作用，深度支撑科技保险发展，提升区域创新能力。因此，培育再保险产业是发展科技再保险的关键举措。基于目前中国再保险产业数量少、能力弱、规模小的现状，并且结合目前中国产业培育的经验来看，科技再保险产业适合进行集群化发展。科技再保险产业集群不仅能够促进再保险公司之间协同运作，共享资源，实现优势互补，从而提升再保险公司的业务能力和市场竞争力，还有助于再保险产业发挥集聚效应，进而快速扩大再保险产业规模，实现产业数量和质量的同步提升。然而，由于中国再保险公司地理位置比较分散，并且再保险行业不存在实体物质的转移，也没有必要实现地理位置的集中，因此，我们认为科技再保险产业适合虚拟产业集群的发展模式。具体是指依托互联网平台，将大量分散的中小型再保险公司聚集起来协同发展，以优惠政策为引导，促进资金要素、人才要素和技术要素的聚集，重点从加强对再保险公司的风险分摊和提高其运营能力两方面，为再保险公司构建全方位的支撑体系，在此基础上集中资源进行重点培育，做大做强一批优势再保险公司，发挥集聚效应，进而带动整个产业快速发展。

16.3.2.5 科技再保险虚拟集群化发展模式的实施建议

基于以上发展思路，中国在发展再保险进而发展科技再保险的过程中，应当聚焦于以下策略。

第一，构建虚拟平台，打造产业生态。围绕科技再保险产业链，构建四大虚拟平台，重点解决再保险公司的信息、服务、资金和运营需求。依托虚拟平台，将产业链或价值链上具有内在联系的企业和机构在虚拟空间集中，实现信息共享，促进资源跨区域协同利用，从而打造虚拟产业生态。具体包含以下四大平台：①科技再保险信息平台，为企业发布合作需求、交换企业资源、共享信息、互动交流提供场所，实现产业链上需求、资源和信息的集成共享，从而实现产业供需调配和精准对接，进而提高科技再保险的成交率。同时，信息公开集成也有助于再保险公司选择同一险种的科技保险进行承保，实现同质风险聚集，从而增强自身的风险管控能力。②科技再保险支撑服务平台，针对现有再保险公司业务能力弱、规模小的问题，通过构建产业支撑性综合服务平台，为再保险公司提供包括中介、风险评估、法律咨询、人力资源、财务、营销等专业服务，帮助增强再保险公司的业务能力和规模实力。同时借助平台进一步集聚产业支撑服务要素，提高服务效率，全方位支撑和保障科技再保险运作和发展。③科技再保险投融资平台，旨在消除资金供需双方信息不对称的障碍，帮助小微再保险公司解决初期融资难的问题。政府一方面利用政策工具引导社会资本投入，同时吸引银行、担保机构等金融机构参与合作；另一方面为再保险公司提供一站式融资服务，降低其融资成本，从供需双方发力共同提升再保险公司的融资效率，快速扩大其资金规模，从而助推科技再保险产业高速发展。④科技再保险运作平台，通过建立各方主体的连接机制，实现从投保、核保、承保、风险管控到理赔等再保险全过程的网络化，推动传统再保险产业向数字化升级。互联网平台公开透明的特性还能够起到实时监督的作用，规范运作主体行为，降低运作风险，避免再保险运作过程中出现道德风险和逆向选择等问题。

第二，吸引要素聚集，构建支撑体系。综合利用各种政策工具，基于支撑服务平台和投融资平台，吸引支撑服务机构和社会风险分摊主体加入，集聚人才、技术和资金要素，共同为科技再保险构建综合支撑体系，推动科技再保险产业高质量发展。对于支撑服务主体，政府应当重点吸引人才要素和技术要素的聚集，坚持引进和自主培育协同发展，通过加大政策优惠力度吸引海外人才回归国内，以及加强对国内现有科技保险服务机构的扶持，为再保险支撑服务机构的发展提供充足的人才和技术支持，进一步增强再保险公司的运营能力。对于社会风险分摊主体，可以通过风险补偿机制，如准备金补贴、税收补贴或者预期损失补贴等，间接降低银行、担保机构和风险投资等社会风险分摊主体的分摊成本，提升风险分摊意愿，为再保险公司发展集聚资金要素，维持资金链稳定，提高其抗风险能力。

第三，集中优势资源，实现重点培育。目前中国再保险产业市场竞争不足，要想快速推动产业发展，需要政府先重点扶持一批优势企业，然后促进集群企业间的合作互动，带动所有集群企业提升自身竞争力，之后政府退出，发挥市场作用，增强产业整体竞争能力。政府应当借助信息平台建立准入机制，筛选出一批具有良好基础、发展潜力和发展前景的再保险公司，然后集中资源进行针对性培育，结合各自的发展阶段和特点，提供个性化专业化服务，增强其核心竞争力，在短时间内培育一批具有竞争力的优势再保险公司，之后利用集群优势发挥其带动作用，引发集聚效应，带动整个产业的发展，进而快速提升产业供给能力，扩大产业规模。重点培育的方式除了能够发挥集聚效应外，还能够降低政府成本，加强政府对政策的把控度。结合模型研究结论，政府在产业实现规模效应后还可以逐步退出，充分发挥市场化作用，开始着手对财政资金的回收，实现政府财政稳定。

第四，完善法律法规，加强政府监管。政府要建立健全科技再保险的法律法规体系，规范再保险公司行为，加大监管力度，维护公平竞争的市场环境。政府应当依托科技再保险运作平台，围绕科技再保险运作过程中可能存在的不规范问题建立健全相关的法律法规，例如在再保险公司产品创新和险种创新过程中，对于竞争对手的模仿或抄袭问题，政府应当完善知识产权制度，加强对创新型再保险产品的知识产权保护，提高再保险公司的产品创新动力；对于再保险过程中的道德风险和逆向选择问题，政府应当加大监管和惩罚力度，一方面加大对直保公司风险管理过程的监督，另一方面对于确定有逆向选择问题的科技保险公司进行严厉惩罚（如限制优惠政策的享受等），共同为科技再保险营造良好的市场环境。

第 5 部分

发展科技保险新险种的政策建议

17 科技保险现行政策体系分析

自 2006 年起，保监会和科技部密切合作，相继出台《国务院关于保险业改革发展的若干意见》《关于加强和改善对高新技术企业保险服务有关问题的通知》《关于进一步支持出口信用保险为高新技术企业提供服务的通知》等相关政策。之后，科技保险开始受到越来越多地方政府的重视，除中央下发的有关科技保险的指导政策，地方政府也陆续出台具体的实施政策，例如天津市出台了《天津市科技保险保费补贴办法》。随着地方政府对科技保险支持力度的不断加大，一些试点城市逐渐实现了地方政府、保险企业和科技型企业三方"互利多赢"的局面。表 17 – 1 是我国自 2006 年至今出台的部分有关科技保险的政策。

表 17 – 1　　　　2006 年至今国家有关科技保险的部分政策

	颁布年份	文件名称
和国家有关	2006	《关于加强和改善对高新技术企业保险服务有关问题的通知》
	2007	《关于确定第一批科技保险创新试点城市的通知》
	2007	《关于开展科技保险创新试点工作的通知》

续表

	颁布年份	文件名称
和国家 有关	2008	《关于中国人民财产保险有限公司试点经营科技保险的批复》
	2008	《关于确定成都市等第二批科技保险创新试点城市的通知》
	2010	《关于进一步做好科技保险有关工作的通知》
	2010	《关于印发促进科技和金融结合试点实施方案的通知》
	2013	《关于保险业支持经济结构调整和转型升级的指导意见》
	2015	《关于保险业服务京津冀协同发展的指导意见》
	2016	《中国保险业发展"十三五"规划纲要》
	2019	《关于支持深圳建设中国特色社会主义先行示范区的意见》
	2020	《关于推动银行业和保险业高质量发展的指导意见》
和地方 有关	2006	《深圳市人民政府关于印发深圳市企业年金实施意见的通知》
	2007	《天津市科技保险保费补贴办法》
	2008	《北京市高新技术企业科技保险专项资金申请指南》
	2008	《2008年深圳市科技保险资助计划申请指南》
	2009	《重庆市科技保险补贴资金管理办法》
	2011	《上海市人民政府关于推动科技金融服务创新促进科技企业发展的实施意见》
	2015	《南京市科技保险创新发展实施办法》
	2015	《关于支持科技保险发展的实施意见》（浙江嘉兴）
	2015	《关于发展科技保险支持科技创新的意见》（广东省）
	2016	《西安高新区管委会关于促进科技与金融结合的若干政策》
	2018	《长沙市科技保险费补贴办法》
	2019	《湖州市科技保险补贴资金管理办法》
	2019	《东湖高新区关于加快科技金融产业高质量发展的若干措施》
	2019	《成都市科学技术局关于申报2019年度成都市科技与专利保险险种的通知》
	2019	《江阴市科技保险费补贴项目管理办法（试行）》
	2019	《石家庄高新区推进科技保险创新管理办法》
	2019	《厦门市科技信贷及保险扶持管理办法》

续表

颁布年份	文件名称
2020	《苏州高新区科技企业科技保险保费补贴实施细则》
2020	《东湖科技保险创新示范区总体方案》
2021	《上海市人民政府关于促进本市高新技术产业开发区高质量发展的实施意见》
2021	《深圳市福田区支持科技创新发展若干政策》
2021	《平湖市科技保险补贴实施办法》

（表格左侧合并单元格标注：和地方有关）

从现有政策来看，国家对于推动"科技保险"首先从完善科技保险内容、优化科技保险实施的体制机制开始，着力打造科技保险的环境建设，其中又包括：创建科技保险创新示范区、打造科技保险综合服务平台和建立科技保险信息共享机制等相关科技保险环境建设。与此同时，国家为发展科技保险，还为该行业提供了补贴政策以及对投保企业实行税收优惠。基于以上对科技保险政策的梳理可知，科技保险的相关政策主要包括引导类和支持类这两类政策，引导类政策是指对政策作用主体没有直接影响，而是指引作用主体发展方向的政策针对科技保险运作过程中涉及的其他环境主体，例如投融资机构或再保险公司等，通过为科技保险营造良好的运作环境从而支持科技保险发展；支持类政策则是指利用资金补贴或税收优惠等工具直接对科技保险及其相关主体给予资金支持，推动科技保险发展。两类政策的主要内容如下。

（1）引导类政策

科技保险引导类政策从政策内容看包括两类：一类是科技保险内容政策，直接作用于科技保险，在科技保险的内容、分类、支持范围、申报程序等方面作出规定；另一类是科技保险环境政策，该类政策则是在打造科技保险的环境建设上提出对应的建议，为科技保险的发展提供环境支持。

科技保险内容政策致力于完善"科技保险"内容、加强"科技保险"相关制度建设。国家自 2006 年起陆续出台了一系列相关政策直接作用于"科技保险"。以江苏省为例，在 2020 年江苏省出台的《苏州高新区科技企业科技保险保费补贴实施细则》中提到有关科技保险实施的三个步骤：①扩大支持范围，对江苏省民营科技企业、科技型中小企业、高新技术企业或高新技术培育企业、"瞪羚计划"企业、高成长创新型企业、领军人才企业六类科技型企业进行保险费补贴；②优化险种分类，为进一步提高对科技型企业扶持的契合度，优化配置各类科技保险险种分类。根据不同险种，保费补贴比例为10%～50%；根据企业承担科技项目情况，单个企业补贴额度最高为30万元；③简化申报程序，原政策申报材料要求保险公司和保险经纪公司同时审核盖章。为加强服务、简化流程，现只要求有保险公司或提供服务的保险经纪任何一方盖章即可。上述政策对科技保险的推广发挥了重要作用，首先，科技保险的覆盖范围更广、服务对象更全面、受益企业更多、加强了科技保险的影响能力；其次，优化细化了科技保险的分类，使科技保险在具体实施中有针对性，更加有效；最后，申报程序更加简便，通过改变政府部门的管理方式，减少行政审批事项，简化优化办事流程，提高了科技保险申请效率。除上述政策示例外，其他地区的现行政策中还包括：建立科技保险发展的长效机制，促进科技保险产品与服务创新，扩大承保范围和服务领域等，在自主创业、研发、贸易、融资等方面，为科技企业提供全面和广泛的保险保障。直接作用于科技保险的政策为科技保险的应用提供了理论基础，不断完善的科技保险政策机制让科技保险的应用更加高效。

科技保险环境政策致力于打造"科技保险"环境建设，提供"科技保险"平台支撑。政府首先确定了第一批科技保险创新试点城市，为科技保险的实施开始提供良好的环境，在试点城市推行之后，有关科技保险的综合服务平台、信息共享机制也相继建立，有关科技保险的知识产权保护措施逐步完善。在"科技保险"综合服务平台方面，以2020年武汉发布的《东湖科技保险创新示范区总体方案》为例，其中一项政策为：以政府为主导，联合区内各类保险机构，打造科技保险综合服务平台，"专人专班"深入企业调研，了解不同行业、不同阶段企业的风险特点和诉求，围绕企业全生命周期的风险点，制定专属保障方案，对于风险较大的产品，实行"一家牵头、多家共保、按需再保"的模式，由各家保险公司形成共保体，然后根据需求引入再保机制，共同为科技型企业提供风险保障。除了上述有关科技保险的服务平台，政府也为"科技保险"的知识产权保护提供了政策支持，在 2019 年深圳市发布的《关于促进科技和金融结合若干措施的通知》中，将丰富知识产权保险产品和服务放在重要战略位置，国任保险在知识产权保险方面共推出十余款产品，涵盖专利、商标、著作权三大类型，涉及确权、维权、用权主要环节，弥补我国目前知识产权体系不够完善的缺陷，为科研人员的技术研发和企业的科技成果转化保驾护航。

然而目前的引导类政策也存在一些问题：一是科技保险险种少、年限短，缺乏可借鉴的经验。现有的科技保险的险种共 15 种，其中有 9 个险种是从 2008 年起才开展业务的，开展的时间很短。同时，科技保险的产品相对较少，满足不了科技企业的多方面需求。由于高科技企业的复杂性和高风险性，存在着许多特殊风险，所以，保险公司在制定保险产品时，只能从基本的保险出发，对一些高风险的保险产品不敢涉足。对保险公司来说，收集足够的风险资料与数据是十分重要的，这样才能基于大数定理科学制定保费和费率。而科技保险业务开展的时间短，加上科技风险因素复杂多变，且受多种因素的交互影响，在保险费率、损失赔偿金的确定、责任认定、技术鉴定等诸多方面难以找到科学统一的标准，加之保险公司没有建立起相应的数据库，缺乏历史损失数据，同时相关精算技术还不成熟，造成难以有合适的保险产品及时推出。二是科技保险政策的传递渠道不畅，缺少相应的信息披露。科技保险支持政策的信息传递渠道不通畅，政府部门以发布政策为主，对于政策的传递效果不够重视。在试点城市中，关于科技保险的销售以及赔付情况都未公开披露，这对衡量高新技术企业以及科技型中小企业是否受益于科技保险政策无从得知。试点的效果不被外界了解，导致外界对于科技保险的关注程度下降，试点的价值自然就会大打折扣。

（2）支持类政策

从政策内容看，科技保险的支持类政策包括三类，分别是作用于科技保险的投融资、保费补贴税收优惠和再保险政策。

在投融资方面，通过设立专项资金、加大政策性融资担保支持力或创新投融资产品的方式，帮助分摊融资方和保险公司的风险。2015 年，广东省发布《关于发展科技保险支持科技创新的意见》，鼓励各市建立科技贷款履约保证保险的风险共担机制，支持各地探索建立由政府科技专项资金、银行、风投机构和保险公司按一定比例分担科技贷款损失风险的机制。《武汉光谷科技金融新十条》还提到要设立"中小企业债权融资风险补偿专项资金"，重视融资担保体系建设，设立风险补偿资金池。这类政策不仅解决了技术创新企业融资难、融资贵的问题，降低投融资门槛和成本，还分散了各类投融资机构和保险公司的风险，形成"愿意投、愿意保"的良性循环，为科技信贷服务保驾护航。

在保费补贴方面，科技保险补贴资金采取后补贴、分类补贴和总额限制的方式，扩大保费补贴险种和企业范围，简化保费补贴申请流程，增加保费补贴发放金额。2019 年湖州市人民政府发布《市级科技保险政策基本情况》，明确提出对高新技术企业产品研发责任保险、关键研发设备保险的补贴标准可高于高管人员和关键研发人员团体健康等保险，给予 20% ~ 50% 的科技保险费补贴，每家企业当年年度补贴最高额 10 万元。政府对于科技保险保费的直接补贴缓解了新兴科创企业因为高昂的保费而投保意愿不高的问题，刺激更多的科创企业和保险公司加入科技保险的行列中，对险种的分类配置提高了财政资金对科技型企业扶持的契合度，后补贴的方式也在很大程度上确保了补贴资金用到实处。2020 年江苏省发布《苏州高新区科技企业科技保险保费补贴实施细则》（以下简称《细则》），《细则》提到要扩大保费补贴的企业和险种范围，对江苏省民营科技企业、科技型中小企业、高新技术企业或高新技术培育企业、瞪羚计划企业、高成长创新型企业、领军人才企业等六类科技型企业进行保险费补贴。同时，将更多地支持科技企业发展的新险种（如企业高管人员和关键研发人员团体健康保险、团体意外保险）的保障水平，将其纳入科技保险财政补贴范围，扩大保险补贴规模，让更多科技企业享受补贴政策红利，鼓励科技企业投保以分摊创新创业风险。与此同时，各地政府都不断争取和引进更多保费补贴资金，2020 年武汉市引进保险资金 1 000 亿元以上，2021

年，上海市累计争取科技保险补贴发放约 3 000 万元。为科技企业投保汇聚更多的资金力量，全面提升对科技企业发展的渗透度和保障率。

在税收补贴方面，《中华人民共和国企业所得税法》中规定"开放新技术、新产品、新工艺发生的研究开发费用等能够在计算应纳税所得额时加计扣除"，这一规定为针对科技保险的税收优惠提供了强大法律支撑。随着科技保险在中国的不断普及与发展，2006 年在保监发〔2006〕129 号《关于加强和改善对高新技术企业保险服务有关问题的通知》，及其与科技部一起下发的《关于加强和改善对高新技术企业保险服务有关问题的通知》中明确规定，首批六大科技保险可享受国家税优政策。2007 年《财政部关于企业增强研发费用财务治理的假设若干意见》（以下简称《意见》）紧随其后发布，《意见》规定"企业研发费用，包括与研发活动直接相关的高新科技研发保险费用"，与保监发〔2006〕129 号《关于加强和改善对高新技术企业保险服务有关问题的通知》有机地衔接起来，把科技保险享受国家规定的税收优惠落到了实处。深圳市也曾出台相关政策，规定可将科技企业保费部分按照国家规定纳入成本，在税前列支。越来越多的税收政策的出台，使得科技保险在财税方面的优势得以凸显，一定程度上改变了绝大多数的科技企业仍依赖普通商业财产保险这一现状。倒逼科创型企业投保科技保险，技术研发和商业模式创新过程以及科研人员和核心管理人员得到极大保障，推动了我国创新创业新一轮高潮的到来。

18　发展科技保险新险种的政策工具选择与组合

在现行的政策体系下，结合科技保险新险种的运作特点，针对不同险种，政府应当采取特定的政策工具推动各险种的应用与推广，从而推动科技保险的创新与发展，不同险种可采取的政策工具如下。

（1）技术成果转化保险

伴随着科技的发展，创新活动面临的风险也越来越突出，且科技创新型初创企业本身经济实力较弱，企业构架脆弱，承担风险的能力较为低下，加之由于宣传力度不足和部分企业敷衍的态度导致企业未能完全认识到科技保险对于风险防范的作用，且高昂的保费往往会让企业高层管理者或技术人员望而却步。针对上述情况，可以采用"税收优惠 + 保费补贴"的方式，引导企业购买科技保险。

税收优惠方面，税基式、税率式和税额式减免是税收优惠主要的三种方式。税基式减免包括起征点、免征额、项目扣除及跨期结转，可以对购买保证类保险且保险额达到 40 万元以上的企业免征增值税，或对购买保费达到 50 万元的企业免征 10 万 ~ 15 万元的增值税额；税率式减免是通过降低税率的方式来实现税收减免，在营业税税制下，有对保险公司 1 年期以上科技保险业务相关企业免征营业税的规定，在"营改增"之后，应当考虑对购买科技保险的企业免征增值税，在科创企业购买科技成果转化保险和高新技术创业信贷保证保险和 5 年内免征增值税/所得税，5 年后享有 75% 增值税减征；税额式减免是通过直接减少税额的方式来实现的税收减免，包括全部免征、减半征收、核定减征率征收以及另定减征额等，企业购买保证保险类保险后，针对不同量级的保额，可享受相应的增值税减征，如保额在 15 万 ~ 30 万元的企业可享受 5 万 ~ 10 万元的增值税减征、保额在 30 万 ~ 50 万元的企业可享受 15 万 ~ 20 万元的增值税减征。

同时，在现存试点城市的基础上，开发更多的科技保险试点城市，支持保险行业在科技进步中发挥更加积极的作用，减缓企业在购买科技保险方面的经济压力，侧面鼓励更多的企业购买保证类保险，为科研机构、高校或高科技企业的科研成果转化过程提供保障，冲减由不确定的宏观环境导致的风险。为急需科创初始资金的科研机构、高校或高科技企业的借贷提供信贷保障的同时也为提供贷款的银行和金融机构分摊部分风险。保费补贴方面，在过去的十年间，我国许多省市都曾出台过针对科技保险保费补贴的实施细则，极大程度上推动了科技保险在中国的发展，在今后，国家及各级地方政府应扩大科技保险补贴范围和规模，大力引进保费补贴资金，针对不同险种、不同标的、不同地区和不同量级的科创企业设置不同的保费补贴比率，使补贴费用落到实处，发挥最大效用，改变普遍存在的

"潜在需求多，实际需求少"现象。

（2）高新技术创业信贷保证保险

高新技术创业信贷保证保险是为满足创业企业对银行贷款的需求，保障创业贷款过程而开发的新险种。针对于此，有以下三种政策工具可以使用：一是事前赔付。科技保险的最终目的是促进"双创"背景下科技创新型企业的创业成功，推动国家科技发展整体水平。然而由于科技研发费用较高，研发周期长，投资回本时间长，科技型初创企业缺乏充足的资金，加之贷款难、贷款贵等问题，许多科创企业"死"于资金链断裂，因此信贷保证保险赔付的时间先后问题十分关键，相较于传统保证保险的事后赔付，该新险种可以采取事前赔付方式，即在企业出现资金周转问题，资金链断裂前，为科创企业提供部分保险赔付资金助力其渡过资金难关，如果企业最终破产，再根据情况提供剩下的保额，和企业分摊对金融机构以及银行的欠款。二是提高保险公司在投保公司中的参与度。由于科研项目的专业性很强，往往需要相关专业人员才能够有效地掌握和控制科研项目的风险，科技保险作为以科研项目为对象的保险，具有严重的信息不对称性，这种信息不对称性很容易引起保险过程中的道德风险，致使保险人蒙受损失。同时专业保险人参与到企业的经营活动中，可以帮助企业更好地监测、管控内外部风险、及时为企业提供应对重大风险尤其是资金风险的资金，以达到对保险公司"监督＋服务"的效用。参考国外的四种保险公司参与模式：投保—理赔模式外、半参与模式、全参与模式和担保模式，结合目前国内科技保险的发展现状，只有多种参与模式并行，才能设计出适应不同层次企业需求的科技保险险种参与体系。三是国家补贴＋科技保险。在"双创"背景下，国家出台了许多创业贷款优惠政策，比如国家为支持大学生创业，各级政府出台了许多优惠政策，涉及融资、开发、税收、创业培训和创业指导等多方面。为更好地分摊科创企业的创新创业风险，为国家财政减负，同时也为了避免道德风险，政府以政策补贴的形式引导并参与科技保险运营，通过与保险人合作共同承担保险过程中的各项风险，以此扶持科技保险事业发展。

（3）高新技术创业投资保险

高新技术创业是一项高风险的活动，从研发到产出到销售，尤其是技术成果转化过程，都需要耗费大量的资金，并且由于初创型科技创新企业抗风险能力较弱，以上种种因素直接导致风险投资机构风险感知较大，不愿轻易给高新技术创新企业投资。针对此种现象，运用风险补偿理论，有三种政策工具可供使用：设置风险补偿准备金、社会风险分摊体系和政府的风险补偿。一是设置风险（补偿）准备金，为防止科创企业因爆发性巨额损失而造成企业资金链断裂，对技术创新风险的一种前置性承担，是一种风险防范行为。当科创企业与风险投资机构就投融资事项达成协议时，科创企业需在风险投资机构开立风险补偿准备金账户，具体金额按照融资额度的 15% 计提，并对科创企业日后的经营过程按照 5% 的比率进行年末计提，以用于该笔业务的实际损失补偿准备，当巨额损失产生，科创企业无法对风投公司进行赔付，风投公司可按照实际损失额从风险补偿准备金账户提取资金，除双方共同确认为代偿或补偿外，风险补偿准备金账户内的资金不得提取和支用。二是社会风险分摊体系，由银行、风投公司、担保公司和保险公司以各种方式帮助企业分摊风险损失。银行可以设立支持科创企业发展的杠杆基金，用承担其余全部投资损益的部分 B 类份额为科创企业提供借贷；风投公司以上述风险准备金为保障积极为有潜力的科创企业进行投融资；担保公司做好再保险业务；保险公司要大力参与到科创企业孵化与经营的全过程中，实时监控企业风险境况，进行风险预警与风险规避。三是政府的风险补偿，即政府设立各类风险补偿政策，利用政府财政拨款或政府设立的风险补偿基金，为所有科创企业的风险分摊主体进行风险补偿。在事前体现为保费补贴以及对风险补偿准备金的补助，这一举措可极大地提升各类主体参与科创事业的积极性与信心；事后补助是政府针对已经产生的损失，如银行坏账、担保损失和保险损失提供资金补偿，以降低损失承担者的压力，减缓风险扩散。

现有科技保险的涉猎范围仅局限在保险公司针对高新技术企业在研发、生产、销售、售后等经营管理活动中面临的风险，而未涉及更高层次的科技创新人才的人身保障。高层次人才的创造性劳动能创造出远远超过投入的价值，企业拥有一支富有创新精神、具备创新能力的创新人才队伍，就拥有了创新驱动发展的优势。国务院印发的《关于加快发展现代保险服务业的若干意见》中明确将高新技术列为重点服务对象，并要求创新保险品种，扩大承保范围，同时提出促进商业保险与社会保障有效衔接、保险服务与社会治理相互融合、商业机制与政府管理密切结合的发展战略。故如何将科技保险融入高端科技创新人才政策的制定，并针对不同类型与不同发展阶段的科技创新人才保险制度设计值得深入思考。对高层次科技人才的引进和激励不仅要依靠提供好的薪酬待遇，更要注重市场在人才引进和激励中的作用，创造出能够适合人才长远发展的基础和环境，进一步优化相关政策机制来吸引人才、留住人才。因此，科技保险在人身保险方面制度设计与运行机制上仍需优化，选择合适的政策工具组合来更好地服务企业中的高新技术人才。

（4）大学生及科研人员创业保险

大学生及科研人员创业保险可选用的政策工具是：补贴、与银行联合绑定创业贷款。

该类保险主要针对的是自由研究者，他们大部分为大学生及科研人员，多数以兴趣为导向，一般没有明确的科研应用要求，虽然研究环境相对轻松，但是经费来源较困难，且研究结果的不可预见性大，意味着科研的经济收入风险很大。尤其是该类科技人才有创业意向时，大学生及科研人员创业往往意味着要放弃学业或者离开原有岗位，具有较高的机会成本，并且，该类人员对市场环境及运作机制不够了解，创业风险较高。针对此类科技人才，人员保险将主要使用经济型政策工具，包括补贴、贷款或与银行创业贷款绑定。

大学生及科研人员在科研工作中，科研院所和高校研究人员可以得到国家与地方科研基金的资助，但经费额度及使用存在一定的局限，研究成果转化为经济效益的不确定性客观存在，在一定程度上限制了科研任务的进度。因此，人员保险中的经济型政策工具的优势将得以体现。

在增加科研人员投保意愿方面，首先，应通过财政拨款，使科研人员在创业阶段有足够的资金用于科技研究，这样从一定程度上降低了科研难度，有利于科研、创业成果的出现。其次，在科研人员进行创业时，贷款不可避免，由于大多数科研人员经济来源并不稳定，可贷款的数额较低，不足以支撑其创业。而当他们具备创业意愿时，多数情况下已经具备了一定的科研成果。但此时，科研成果转换为经济效益的过程需要大量的金钱和时间投入，而这类群体在创业初期往往也没有较多的资金来进行市场运作。因此可将人员保险与银行的创业贷款相绑定，通过绑定人员保险来降低申请创业贷款的门槛，提高创业贷款的额度。在创业前期，大学生和科研人员可通过较低的门槛获得贷款，用于进行创业的一系列准备工作，在不同的创业阶段可利用不同的贷款难易程度，帮助其实现风险控制和资金支持，从而增加科研人员的投保意愿。最后，由于科研工作不一定能得到成果，投入与收获不一定成正比，这将影响科研人员的研究动力。为了提高科研成果的产出效率以及转换为经济效益的效率，人员保险可采用奖励的政策，在大学生和科研人员获得不同阶段的成果后，实行资金奖励或其他方面的奖励，来激励科研人员做进一步的研究和创新，在其创业成果产出一定的经济效益后，给予他们一定的红利，鼓励其创业的进行。通过这种方式来提高科研人员的投保意愿。

在增加保险公司承保意愿方面，首先，通过政府的政策支持，鼓励保险公司设立人员保险，增加承保意愿。相关政策包括：政府给予保险公司补贴，与保险公司共担风险，负担创业失败后的保险费用，给予创业成功后的奖励。其次，完善保险公司和投保人员的相关联机制。若大学生或科技人员创业失败，保险公司在人员保险相关机制尚未成熟的前期，可获得政府的资金支持，减少保险公司的资金压力以及分散保险公司的风险。若创业成功，保险公司可按比例获得一定红利。通过以上两种方式来增加保险公司的承保意愿。

（5）技术创新核心人才引进保险

技术创新核心人才引进保险可选用的政策工具是补助、赔偿和奖励。该类保险主要针对企业引进的高新技术人才流失风险。高新技术人才以企业目标和社会发展需求为导向，聚焦于应用研究，应用研究可以得到社会各界的普遍认可，经费来源较稳定，风险较小，但是核心人才的竞争压力较大，绩效考核严苛。近年来，高新技术核心人才英年早逝的现象屡见不鲜，高强度的工作和竞争不利于他们的身体健康，进而会影响企业科研工作的进程。针对此类风险，人员保险将使用综合性的政策工具：补贴、赔偿。

在增加高新技术企业投保意愿方面，可将人才引进政策与人员保险政策相结合。在企业引进人才的同时，绑定人员保险即给予一定的福利政策。技术创新人才尤其是对于中小企业而言，是不可或缺的、关乎企业生死存亡的资源，因此，为了降低企业引进的技术创新核心人才因受伤、生病、死亡或跳槽导致其不能继续为公司创新价值的风险，技术创新核心人才引进保险尤为重要。首先，应针对技术创新人才，给予补贴政策，该补贴并不局限于经济补贴，还包括技术创新人才生活中的各类补贴和良好工作环境的保障。当技术创新人才聚焦于应用研究时，他们有着特定而明确的研究目的，即主要用于解决实际问题，该过程的周期和时滞性虽然相比基础研究更短，但将科研成果转换为经济效益仍然需要较长时间，该过程中，科研人员的竞争压力巨大、研究环境紧张、自由度小，容易造成为了短期利益而放弃长期、深入的、更有成效的研究的情况。因此，此时的补贴政策除了相应的经济补贴之外，在科研人员健康、住房、生活等方面应有额外的优待，提供充裕的福利和保障其拥有良好的生活环境来缓解他们的科研压力，保证其身体健康、心情愉悦，从而减少企业高新技术人才的流失，保障了企业的利益，进一步增加了企业的投保意愿。针对高新技术企业，赔偿政策不可或缺。当企业面临核心人才跳槽的情形，人员保险中应设有赔偿政策，给予企业一定的赔偿来减少其人才损失和资金损失。这种对企业直接的资金赔偿减少了企业的利益损失，使企业在人才流失的情况出现后获得一些保障，同时也能增加企业的投保意愿。

在增加保险公司承保的意愿方面：可实行保险公司全参与或半参与企业的风险管控，当风险感知下降，且风险管控能力上升时，保险公司的承保意愿随之上升，能给企业提供更好的人员保险服务。

（6）技术创新投融资保险

技术创新投融资保险属于信用保险，是以技术创新项目所在企业的信用作为标的，当公司技术创新失败时，投资者不能回收资金，此时将由保险公司代创新企业向投资者支付一定的赔偿资金，该活动可减少对创新企业的投资风险，以此来增强投资者对创新企业的投资意愿，有助于创新企业的发展。技术创新投融资保险可使用的政策工具是：赔偿、半参与或全参与。

在增加科技创新企业的投保意愿方面，通过购买技术创新投融资保险，可利用保险公司进行担保的信用，更容易获得风险投资以及银行贷款。科技创新企业在进行技术创新活动时，面临的最大难题是资金短缺，而他们主要的资金来源是风险投资和银行贷款，但由于许多企业尤其是中小型企业不被投资者和银行所信任，认为该项投资风险过大而导致投资意愿低。这种情况的出现极大地影响了技术创新活动的进行，不利于创新的发展和企业的生存。因此，企业可通过技术创新投融资保险，降低获得风险投资的门槛。由此来增加科技创新企业的投保意愿。

在增加保险公司的承保意愿上：通过收益分成、风险共担等机制来实现。在企业的科研项目进行中，保险公司可以半参与或全参与项目管理，以风险投资者的身份参与企业项目，从而获得项目的收益分成，同时，科研项目的风险也由企业、投资者和保险公司共同承担。若项目未能获利，保险公司的理赔将处于一定限额范围内，避免保险公司的大量损失。若科研项目成功，保险公司获得的收益也将增加其投保意愿。

19　新险种发展政策体系优化建议

科技保险作为一种准公共产品，要求政府必须制定和完善科技保险相关的法律法规，填补配套相关政策的空白，为科技保险构建合理的政策体系，并给科技保险的运行提供完善的法律保障。

首先，政府应该完善和宣传科技保险的相关政策并构建科技保险运行的新模式，引导更多的科技企业投保科技保险，适当降低科技保险的保费补贴资格条件，让更多符合条件的企业享受到政策优惠，同时，通过创新的科技保险运行机制，让科技保险更有效、高效地发挥作用。在政策完善方面，通过分析现有的科技保险政策体系，发现科技保险相关经营机制还存在很大的完善空间。目前，大多数的运行机制是"政府支持、商业化运作"，同时也出台了科技保险支持政策，对高科技企业实行保费补贴、税收优惠等优待政策。例如在苏州试点中，政府与银行合作，推行科技金融政策，采取"政府＋银行＋保险＋担保＋创投＋券商"的综合化扶持高科技企业的模式，对便利高科技企业融资，鼓励大胆科技创新和融资、贸易、研发及生产等业务中的一系列风险保障取得积极成效。类似政策可以进一步创新完善并推广。在政策宣传方面，在科技保险的发展过程中，政府的宣传引导至关重要。科技企业对科技保险知之甚少，许多企业没有形成对科技保险的正确认识，甚至还有一些企业将科技保险与传统的财产保险和人身保险混淆，投保意愿不强。保险公司也缺少对科技保险产品的宣传，并没有利用典型科技保险理赔案例进行舆论宣传，提高全社会尤其是科技企业对科技保险的认知程度。政府在现有的科技保险引导政策宣传上应重点发力，不仅要大力宣传，也要确保宣传方式行之有效，让企业真正了解到科技保险的好处，提高企业投保意愿。在构建科技保险运行新模式方面，政府可以构建"互联网＋政府＋科技企业＋保险公司＋银行＋中介机构"的科技保险运行新模式，运用"政府引导企业、市场化运作"的基础运行方式，将科技保险运行模式与科技研发活动深度融合发展。政府通过公开招投标的方式，选定优质的金融服务机构参与科技保险项目的运行，同时负责监督和管理科技创新活动，对市场上各行为主体进行约束。保险公司和银行有序开展科技金融服务，根据科技企业的需求为科技企业提供科技保险、科技信贷等服务。保险经纪公司、风险评估公司等中介机构加入科技保险交易链路中，协助科技企业制订风险管理计划，规范科技企业应对和监控科技风险的措施，充分发挥专业风险咨询和信用评估的功能，保障科技活动运作的安全性。保险公司应利用大数据技术，增强科技保险核保能力建设，减少和规避信息不对称的风险。新的运行模式下，通过"科技＋金融""线上＋线下"等方式，实现政府、科技企业、保险公司、银行、中介机构等多方数据的互联互通，打破现行模式的数据"孤岛",最终实现各主体之间高度协同、风险共担、多方共赢的高效模式。

其次,政府需要制定对科技保险经营机构的激励政策并优化科技保险综合服务平台。对科技保险业务提供税收等方面的优惠,为科技保险的新险种开发提供财政奖励,激励保险公司的业务开展和产品创新,实现供给和需求双方的利益平衡。同时,优化科技保险综合服务平台,为投保企业和承保的保险公司提供更多的附加服务。在激励政策上,政府部门可出资设立科技企业保险补偿基金,并委托专业机构运营该基金,对保险公司经营科技保险业务进行经济补偿。该基金的资金来源主要有三个渠道:一是来自政府的财政拨款;二是将促进科技企业成长的部分资助资金转化成科技保险基金;三是基金投资运营所得。三者联动,定期向科技保险基金投入资金,保证基金的资金持续得到充实。科技保险基金的作用主要有三个:第一,为保险公司经营科技保险业务提供再保险安排;第二,为科技企业提供基金信用担保;第三,作为奖励保险公司的奖励基金。再保险安排是指保险公司在经营科技项目风险时,可以向科技保险基金请求风险分摊,科技保险基金负责对科技企业和保险公司进行资信审查,审查通过后为保险公司提供风险分摊计划。科技保险基金有利于分担保险公司承保的部分科技风险损失,避免保险公司的经营风险过度集中。基金信用担保是指科技企业向银行申请贷款时,不仅有保险公司为科技企业提供的保证保险,而且科技保险基金也会为科技企业提供附加的担保保证,当科技企业无力或无法按期归还银行贷款时,科技保险基金和保险公司共同承担风险,负责向银行赔偿逾期贷款。在双重担保的保证下,将较大幅度地提升银行向科技企业发放贷款的积极性。双重担保的场景之下,由于有科技保险基金和保险公司共同分摊科技企业的信用风险,将提升保险公司为科技企业提供保证担保的积极性。奖励基金是指科技保险基金对积极开展科技保险业务的保险公司给予一定的奖励,当保险公司的科技保险业务达到一定的要求时,基金提取出一小部分资金奖励保险公司,从而进一步激励保险公司开展科技保险业务。

最后,政府需要完善相关法律监管制度。目前科技保险运行中存在一些具体的法律问题,例如政府对科技保险的补贴机制还不完善,根据不同产品给予不同补贴的政策效果并不明显；另外由于支持政策未出台实施细则、补贴程序不合理、行政效率低等问题也阻碍了相关支持政策作用的发挥：科技保险的跨部门协调机制不合理，由于部门间的协调不畅导致在出口信用保险领域存在多头管理、重复补贴的现象，部门间利益难以协调，科技保险的支持资金难以持续。针对以上问题，政府需要完善相关的法律监管制度，补上科技保险监管的短板，加强对科技保险的业务监管，规范科技保险运行模式中各主体的行为，监督科技企业的科技项目运行和资金运用，约束保险公司的科技保险经营行为，对科技企业和保险公司等主体的违规行为进行处罚，促进科技保险的持续健康发展。第一，政府要健全专业的科技保险法律制度，包括明确科技保险的定义；第二，政府要明确科技保险法律主体的资格，从法律层面来对科技保险各参与主体的标准予以规定；第三，由于科技保险运行过程中融入了税收优惠和财政补贴，其监管的对象和内容皆与其他商业保险存在不同，因此政府要完善科技保险的监管制度和健全科技保险的监管体系。

20　搭建以科技保险为核心的企业技术创新风险间接补偿体系

20.1　企业技术创新风险间接补偿的原理

20.1.1　企业技术创新风险间接补偿的作用机理

企业技术创新风险的间接补偿是指政府运用财政资金，通过对社会风险分摊组织的风险损失进行补偿，促进社会风险分摊组织参与分担企业技术创新风险，进而促进企业技术创新发展。企业技术创新风险间接补偿的对象是保险公司、信贷银行、风险投资公司和信贷担保公司等社会风险分摊组织，而其补偿的目的是促进企业技术创新，这种间接的补偿效应主要是依靠社会风险分摊机制的运作而实现的。

在无政府干预的条件下，保险公司、信贷银行、风险投资公司和信贷担保公司从不同的角度为企业提供着不同的技术创新风险分摊渠道。

保险公司主要是为企业和其他社会风险分摊组织提供科技保险服务，科技保险是以技术创新风险（科技风险）为对象的保险险种的总称。企业技术创新从研发到成果转化，整个过程中存在的各种风险均可依照科技保险中的不同险种进行投保。技术创新企业通过缴纳小额的保费，获取保险公司较高保额的保险服务，一旦所投保的风险发生，则保险公司依照保险合同理赔。保险作为一种十分有效的社会风险分摊方式，其原理就是利用同质风险聚集的方式，将不确定的风险损失确定化，从而起到消减风险的作用。然而，科技保险因科技风险的弱可保性、保额巨大、技术难度高不易操作等障碍，目前在我国尚处于发展的初级阶段。

信贷银行主要是向企业提供贷款，解决企业技术创新资金不足的问题。信贷银行通过向企业收取利息，来获得风险收益，但与风险投资和保险不同，不论企业技术创新项目是否成功，企业均需向银行偿还贷款，因此从表面上分析，银行信贷不具备有分摊技术创新风险的作用，然而实际上，当企业技术创新项目失败，特别是中小型企业，往往无法偿还信用贷款，从而使得银行产生坏账风险，从这个角度看，银行的信贷行为帮助企业在一定程度上承担了技术创新风险。但是，银行在贷款给企业前，出于其自身利益考虑，往往需要进行严格的审查，因而很多企业、特别是还款能力和抗风险较弱的企业无法获得贷款，或者必须提供有效的担保或抵押，从而难以通过银行信贷分摊风险。

信贷担保主要是通过为贷款企业提供担保服务，帮助其以获取银行信贷的方式分摊企业技术创新风险。实际上，信贷担保是帮助银行分摊坏账风险的社会风险分摊组织，它的存在使得银行敢于向企业提供无抵押贷款，也通过承担连带还款责任，帮助企业承担技术创新风险。但由于技术创新风险过大，中小企业抗风险能力太弱，因而，信贷担保公司的担保意愿严重不足，企业难以获得足够的信贷担保服务。

风险投资公司则主要以投资形式投入企业技术创新项目，其风险分摊作用十分明显，但由于企业技术创新风险过大，且存在道德风险，致使风险投资公司不愿过多投入企业技术创新项目，使其风险分摊能力受到限制。

政府的技术创新风险间接补偿正是通过风险损失补偿的方式，给予这些社会风险分摊组织以损失补偿期望，降低其风险感知，从而促使保险公司、信贷银行、风险投资公司和信贷担保公司为企业技术创新项目提供保险、信贷担保服务、信用贷款和风险投资，从而帮助企业分摊风险，为其技术创新项目提供充足的资金，进而促进企业开展高风险技术创新项目，推动区域科技和经济的发展。

20.1.2　企业技术创新风险的间接补偿体系

企业技术创新风险的间接补偿体系由企业技术创新风险的四种间接补偿方式构成，即科技保险补偿、风险投资补偿、银行信贷补偿、信贷担保补偿。间接补偿体系依照补偿时间的不同可分为两个部分：损失前补偿和损失补偿。损失前补偿为鼓励性补偿，目的在于引导和鼓励风险分摊行为，包括科技保险保费补贴、担保费补贴、担保准备金补贴等政策工具；损失补偿则为发生风险损失后的一种事后补偿，其主要目的是减少其损失，保障其风险分摊能力，促进风险分摊组织发展。具体的企业技术创新风险间接补偿体系如图 20-1 所示。

如图 20-1 所示，间接补偿专项资金或者间接补偿基金对企业技术创新风险分摊的每一损失点均展开风险损失补偿，从而形成一个完整间接补偿体系，而所有被补偿的风险损失均源于企业技术创新项目失败所引起的技术创新风险损失，只是以不同的形式在各社会风险分摊组织间流动。因此，企业技术创新风险间接补偿的方式存在多样化，存在多个补偿对象，补偿模式为政府一对多补偿。

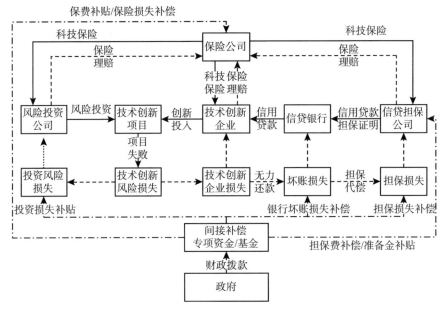

图 20 - 1　企业技术创新风险间接补偿体系

20.1.3　企业技术创新风险间接补偿的运作机制

在实际运作中，由于各补偿对象的运作模式存在差异性，因而企业技术创新风险间接补偿体系是依照间接补偿的不同方式分系统独立运作的，其运作机制如图 20 - 2 所示。

如图 20 - 2 所示，政府设立间接补偿专项资金后，将该专项资金依照补偿方式的不同，分为四个子专项资金或基金。

科技保险补偿的运作分为两个阶段：第一阶段是在保险业务发生，即技术创新企业与保险公司签订科技保险合同时，保险业务发生后，由保险公司定期向补贴管理部门提出保费补贴申请，管理部门经审批后，向财政部门发出补贴指令，进而由财政部门给予保费补贴。第二阶段是在保险理赔时，风险损失发生后，保险公司立即展开理赔，而后定期向相关管理部门提出保险损失补偿申请，相关管理部门对风险损失进行调查评估后，根据损失调查结果进行保险损失补偿审批，再向财政部门发出补偿指令，进而由财政部门给予保险损失补偿。

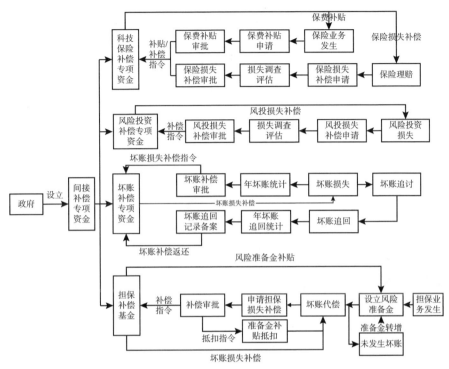

图 20 - 2　企业技术创新风险间接补偿的运作机制

　　风险投资补偿的运作起始于风险投资损失产生，如企业技术创新风险投资项目失败，则由风险投资公司向相关管理部门提出风险投资损失补偿申请，相关管理部门对风险投资损失进行调查评估后，根据风险投资损失调查结果进行风险投资损失补偿审批，而后向财政部门发出补偿指令，进而由财政部门给予风险投资损失补偿。

　　银行信贷补偿运作分为两个部分：一部分为坏账损失补偿：当发生坏账损失之后，由银行每年进行坏账损失统计，并报相关管理部门审核审批，而后向财政部门发出补偿指令，由财政部门统一拨款给予补偿。另一部分为坏账追回返款：坏账产生后，由银行进行坏账追讨，并于每年定期对追讨回的坏账款项进行统计，并报相关管理部门记录备案，再将追回款项返还专项资金。

　　信贷担保补偿起始于担保业务发生，在担保公司与技术创新企业签订担保合同之后，即开始准备设立风险准备金，此时，由担保公司向相关管理部门提出风险准备金补贴申请，并由专项资金直接依照相关政策进行补贴。之后若发生坏账代偿，则由担保公司向相关管理部门提出担保损失补偿申请，经审批后，由相关管理部门向财政部门发出补偿指令，进而由财政部门给予风险担保损失补偿，同时，相关管理部门还向担保公司发出补贴准备金抵扣指令，允许担保公司实施准备金补贴抵扣。若不发生坏账代偿，则政府所补贴的风险准备金每年定期进行风险准备金转增，纳入下一年度的风险准备金之中，供担保公司使用。

20.1.4 科技保险补偿与其他各种补偿方式的组合补偿模式

相对其他风险分摊渠道而言，科技保险存在一定的特殊性：科技保险在风险分摊功能上存在直接帮助企业分摊技术创新风险和帮助银行、担保公司和风投公司等风险分摊组织进行风险再分摊的功能。科技保险因其拥有多种不同险种，而风险分摊范围较广。例如，现在市场上存在的营业中断险、产品责任险、关键研发设备险等险种是针对技术创新企业设置的，而高新技术企业项目投资损失保险是针对风险投资公司设立的，高新技术企业小额贷款保证保险则是针对银行设置的。具体的企业技术创新风险分摊过程如图 20－3 所示。

如图 20－3 所示，不论是哪一条风险分摊路径，科技保险均可以参与分摊风险，并作为最后的风险分摊者出现。因而政府对于科技保险的补偿可以加入任意一种组合补偿模式中，也可以与直接补偿方式一并构成技术创新企业—保险公司组合补偿模式。从风险分摊效果分析，相对其他风险分摊方式，科技保险的风险分摊职能更具有专业性，风险分摊能力和降低技术创新风险的能力更为强大。而科技保险所具备的风险再分摊功能及其对风险损失的直接理赔功能，与政府的风险补偿功能存在一致性。因此，政府既可将科技保险视作为一种风险补偿对象，也可以将其视为一种风险补偿工具，大力补偿和促进科技保险，有利于提高政府的风险补偿效率。

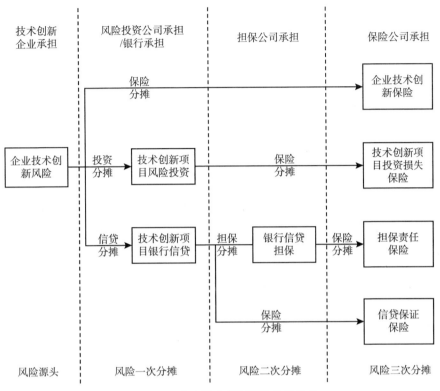

图 20 - 3　企业技术创新风险分摊路径

政府对于科技保险的补偿工具主要有两种：保费补贴、保险损失补偿。与担保费补贴类似，保费补贴的目的是降低保险价格，引导风险主体主动投保，提高科技保险需求和保险利润空间。保险损失补贴则主要是为了降低保险公司的风险感知，提高其承保意愿。由于科技保险具备风险再分摊功能，因而在科技保险补偿与其他风险补偿方式组合使用时，应注意补偿的替代性，即当大量投入科技保险损失补偿时，保险公司所提供的保险供给将十分充足，较高的科技保险保额可以有效地减少投保主体的风险损失承担量，而经过政府补贴后的科技保险保费也不会给投保主体带来过大的成本压力，因而，政府以其他补偿方式的补偿力度可以适当减小，从而形成以科技保险补偿为核心的组合补偿模式。此外，保费补贴和保险损失补偿两种工具存在功能重叠性。构成科技保险保费的主要部分之一——

纯保费决定于科技保险的期望损失，当政府进行风险补偿时，保险公司的期望损失下降，保费也应随之下降，因而，政府在使用两种政策工具时，应当充分考虑这两种工具的相互作用，以设置合适的补偿比例。

20.2 企业技术创新风险的各种间接补偿工具组合及模拟

20.2.1 银行信贷补偿的因果关系分析

政府对于银行信贷的补偿工具主要是坏账损失补偿。基于银行坏账损失的产生及其影响银行信贷意愿的机理，构建银行信贷补偿因果回路如图20-4所示。

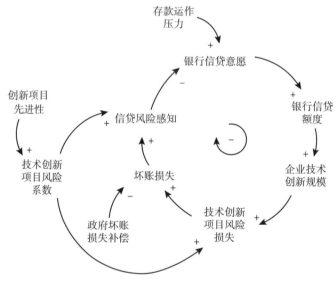

图 20 -4 银行信贷补偿因果回路

银行信贷意愿源于银行自身的存款运作压力，银行在吸纳存款之后，必须通过资金运作（贷款）获取足够的收益，以保障银行自身利润和费用成本、存款利息的支出。银行对于信贷申请的审批决策决定于银行对贷款风险的感知，银行对信贷业务风险的感知越大，银行的信贷意愿就越弱。银行信贷意愿决定着银行的贷款额度，意愿越高则贷款额度就越高，银行对企业技术创新项目贷款额度的提高，可以增大企业技术创新的规模。技术创新项目的风险损失决定于技术创新项目的规模和技术创新项目的风险系数，项目风险越高、规模越大，则可能产生的风险损失就越大。技术创新项目的损失越大，则企业无力偿还贷款的可能性就越高，坏账损失就越多。银行所承受的坏账损失越大，银行对于企业技术创新项目贷款业务的风险感知就会越强。此外，银行在进行信贷决策时，势必会考虑信贷项目的风险系数，因而技术创新项目的风险系数也会对银行的信贷风险感知产生正影响，而技术创新项目的风险系数则决定于创新项目的先进性，先进性越高，风险系数越大。整个银行信贷补偿因果回路为一个负回路，当企业技术创新信贷风险感知高于固有存款运作压力时，银行信贷意愿将处于递减状态。

政府坏账损失补偿可以通过减少坏账损失，降低银行对企业技术创新信贷风险的感知，从而起到提高银行信贷意愿的目的。

20.2.2　信贷担保补偿的因果关系分析

政府对于信贷担保的补偿工具主要包括：担保费补贴、准备金补贴和担保损失补偿。基于信贷担保损失的产生及其影响担保意愿的机理，构建信贷担保补偿因果回路如图 20 - 5 所示。

担保意愿是指担保公司对企业技术创新项目信贷提供担保服务的意愿。如图 20 - 5 所示，信贷担保补偿因果关系中存在三个因果回路。

因果回路一：担保收益回路。当担保公司的担保意愿增强，会提高其担保额，在担保费一定的条件下，担保额越高则担保公司所获取的担保收益也就越高，进而增强担保公司对企业技术创新信贷的担保意愿。整个回路成正回路，随着担保意愿的增强呈现递增状态。担保费除了对担保收益有正影响外，对担保的市场需求也存在负影响，即担保费设置越高，企业的担保需求越低，担保需求越低，则最终成交的担保额就越低。政府对于担保费的补贴有利于降低担保费对担保需求的负影响，从而提高担保需求，进而提高成交的担保额。

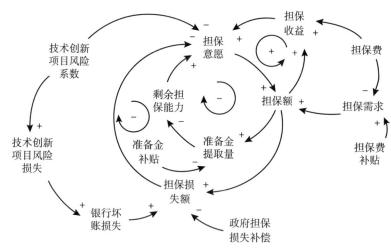

图 20 – 5 信贷担保补偿因果回路

因果回路二：担保损失回路。当担保公司的担保意愿增强，会提高其担保额。担保额和银行坏账损失共同决定担保公司的担保损失额，担保额越高，银行坏账损失越大，则担保公司的担保损失额就会越高，而担保损失额的增大会降低担保公司进一步担保企业技术创新信贷的意愿。整个回路成负回路，随着担保意愿的增强呈现递减状态。此外，担保公司在进行担保决策时会对申请担保的技术创新项目的风险进行评估，技术创新项目的风险系数越大，则担保公司的担保意愿就越低，而技术创新项目的风险系数还对技术创新项目的风险损失有正影响，风险系数越高，项目的风险损失就越大，而银行的坏账损失也就越大，担保损失也会随之增大。政府担保损失补偿直接减少担保公司的担保损失额，进而提高担保公司的担保意愿。

因果回路三：担保能力回路。当担保公司的担保意愿增强，会提高其担保额，担保额增大时，担保公司所预提的准备金数量会增大，在担保公司流动资金一定的情况下，其剩余的担保能力就会降低，进而降低担保公司的担保意愿。准备金补贴可以减少担保公司的准备金提取量，进而提高

120

担保公司的担保能力和担保意愿。

20.2.3　风险投资补偿的因果关系分析

政府对于风险投资的补偿工具主要是风险投资损失补偿。基于风险投资损失的产生及其影响投资意愿的机理，构建风险投资补偿因果回路如图 20 - 6 所示。

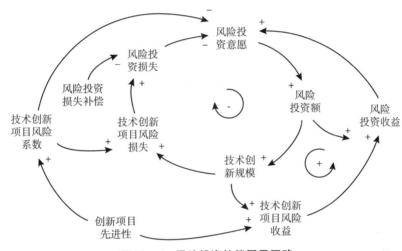

图 20 - 6　风险投资补偿因果回路

担保意愿是指风险投资公司对企业技术创新项目进行风险投资的意愿。如图 20 - 6 所示，信贷担保补偿因果关系中存在两个因果回路。

因果回路一：风险投资收益回路。当风险投资公司的投资意愿增强，会提高其风险投资额，进而在其他投入一定的条件下，增大技术创新项目的规模，当技术创新项目的先进程度一定时，技术创新项目的风险收益会随着技术创新规模的增大而增加，而后风险投资公司依照投资比例获取风险投资收益，该收益随着技术创新项目的总体风险收益和风险投资占技术创新项目总额比例的增大而增大，进而高风险投资收益将提高风险投资公司对企业技术创新项目的风险投资意愿。整个因果回路为正回路。

因果回路二：风险投资损失回路。当风险投资公司的投资意愿增强，会提高其风险投资额，进而在其他投入一定的条件下，增大技术创新项目的规模，在技术创新项目风险一定的条件下，技术创新项目风险损失将随着技术创新规模增大而增加，进而增大风险投资损失，降低风险投资公司对企业技术创新项目的风险投资意愿。技术创新项目风险系数决定于创新项目先进性，先进性越强，则项目风险系数越大。此外，风险投资公司在进行投资时，势必会对投资项目进行风险评估，评估结果中技术创新项目风险系数越大，则风险投资公司的投资意愿也就越低。政府对风险投资损失的直接补偿，降低了风险投资公司的风投损失，进而增强了公司的风险投资意愿。

20.2.4 科技保险补偿的因果关系分析

政府对于科技保险的补偿工具主要包括：保费补贴、保险损失补偿。基于科技保险损失的产生及其影响承保意愿的机理，构建科技保险补偿因果回路如图 20-7 所示。

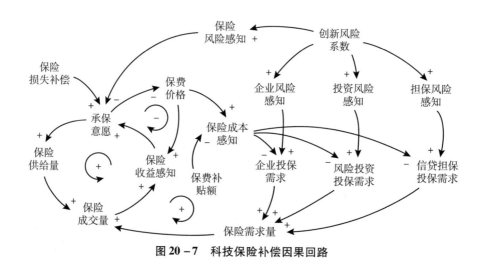

图 20-7 科技保险补偿因果回路

承保意愿是指保险公司承保企业技术创新项目风险的意愿。如图 20-7所示，科技保险补偿因果关系中存在三个因果回路。

因果回路一：科技保险收益回路。该回路为一个正回路。当保险公司的承保意愿增强时，其科技保险供给量会增加，进而在有充足科技保险需求的前提下，提高科技保险的成交量。在保费价格一定的条件下，科技保险的收益额会随着科技保险的成交额递增，进而提高保险公司的科技保险收益感知，增强其承保意愿。

因果回路二：保费定价回路。该回路为一个负回路。当保险公司的承保意愿增强时，保费的定价会降低，从而在科技保险成交量一定的情况下，科技保险收益会随保费定价递减，进而降低保险公司的承保意愿。

因果回路三：科技保险供需回路。该回路为一个正回路。创新风险系数对保险风险感知、企业风险感知、投资风险感知和担保风险感知均有正影响。当创新风险系数增加时，保险公司的科技保险风险感知会增强，进而科技保险承保意愿降低，保费定价提高，投保方的保险成本感知增强。而政府对于科技保险保费的补贴，可以直接降低投保方的保险成本感知。企业风险感知、投资风险感知和担保风险感知随创新风险系数提高后，会加大技术创新企业、担保公司和风险投资公司的科技保险需求，成本感知的提高，则会降低投保方对科技保险的需求。技术创新企业、担保公司和风险投资公司对科技保险的需求量总和构成科技保险总需求量。在科技保险供给充足的条件下，科技保险成交量提高，保险收益感知增强，进而增强保险公司的承保意愿。

由于保险的损失是与其定价相对应的，当保险公司的风险损失感知增加，就会提高纯保费的厘定值，进而提高保费，因而在保费价格不变的情况下，降低其风险损失，即可使收益感知提高，承保意愿增强。政府对于科技保险损失的补偿能够提高保险公司的收益感知，进而增强承保意愿。

20.2.5　企业技术创新风险间接补偿政策的实施与运作系统分析

企业技术创新风险间接补偿政策的实施与运作系统主要涉及三方面主体：政府、技术创新企业和社会风险分摊组织。政府是企业技术创新风险间接补偿政策的制定者和执行者，政府通过各种企业技术创新风险间接补偿政策工具影响技术创新企业及社会风险分摊组织在企业技术创新及其风险社会分摊方面的决策。企业技术创新的风险社会分摊系统实际是技术创新企业和社会风险分摊组织围绕技术创新风险的分摊而进行的反复博弈和决策系统,而政府以间接补偿政策对双方主体的博弈关系进行调节,进而以协调和引导者的身份加入系统。

从企业技术创新风险间接补偿政策实施与运作系统所包含的三方主体的决策节点分析,政府的主要决策节点是政策决策,主要是决定各项政策工具的补贴或补偿比例;技术创新企业的主要决策节点包括:技术创新决策和企业科技保险投保决策;银行的主要决策节点为信贷决策;风险投资公司和担保公司决策节点为:风险投资决策(担保决策)和风险投资保险决策(担保保险决策);保险公司的决策节点为承保决策,主要是确定科技保险保费定价和承保保额。这些决策节点通过决策信息输入和决策结果输出相互联系和影响,最终构成企业技术创新风险间接补偿政策的实施与运作系统。

根据企业技术创新风险间接补偿政策的运作流程可以得到如图 20 – 8 所示的企业技术创新风险间接补偿政策实施与运作系统流程。

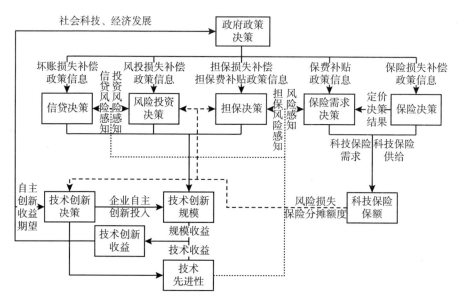

图 20 – 8　企业技术创新风险间接补偿政策实施与运作系统流程

20.2.6　企业技术创新风险间接补偿政策与效果 SD 模拟模型的构建

为了对企业技术创新风险间接补偿政策的效果实现定量模拟，本节采用系统动力学模型作为模拟工具。根据企业技术创新风险间接补偿政策的实施与运作系统分析结果，在该系统中存在企业创新决策、企业创新保险决策、风险投资决策、风险投资保险决策、担保决策、担保保险决策、银行信贷决策和保险决策八个重要决策节点。由于整个系统主要围绕这八个决策节点展开，因而本节在系统动力学模型中，将各决策节点设置为状态变量。政府政策决策虽然也是企业技术创新风险间接补偿政策实施与运作系统中的一个重要决策节点，但一方面从政策的连续性考虑，政策不可能进行实时变更，另一方面从本模型设计的目的考虑，该模型是为了模拟政策工具组合效果而设计，因此，必须保持政策值固定化。根据企业技术创新风险间接补偿政策与效果系统的构成及运作特点，以及各种补偿方式的因果关系，基于系统动力学模型的基本要求，构建如图 20 - 9 所示的企业技术创新风险间接补偿政策与效果 SD 模拟模型的系统流图。

为了最终实现对企业技术创新风险间接补偿政策效果的模拟，以发挥该模型为经济预测、方案比较和政策制定提供更加确切的依据的作用，必须进行系统动力学模型第二阶段的设计，即利用状态变量、速率变量和辅助变量的实际经济含义，将企业技术创新风险间接补偿政策实施过程中内部各因素之间的关系及其同外部因素之间的联系抽象成数学公式。根据系统流图，该系统主要围绕八个决策节点状态变量展开，因而模型的第二阶段设计也围绕八个决策节点状态变量展开。

（1）企业创新决策

状态变量企业创新决策（*EID*）决定于速率变量创新价值感知（*IVP*）和企业风险感知（*ERP*），其关系可表示为：

$$EID_t = IVP_t - ERP_t$$

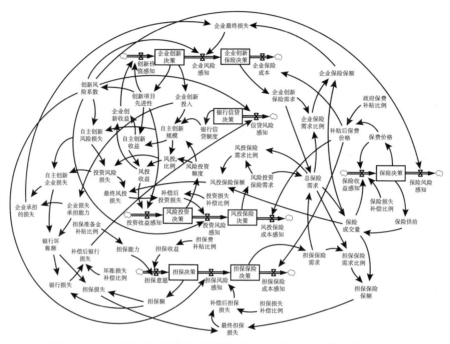

图 20 - 9　企业技术创新风险间接补偿政策与效果 SD 模拟模型系统

其中，t 表示时间。创新价值感知（IVP）主要受到辅助变量创新项目先进性（AIP）和企业创新收益（EII）影响。企业风险感知（ERP）则主要决定于辅助变量创新风险系数（IRF）和企业最终损失（EFL），其关系可分别表示为：

$$IVP = a_{IVP}AIP + b_{IVP}EII/q_{EII}$$

$$ERP = a_{ERP}EFL/q_{EFL} + b_{ERP}IRF \times 10$$

其中，a_{IVP}、b_{IVP}、a_{ERP} 和 b_{ERP} 为值域为（0，0.5）的系数，且满足 $a_{IVP} + b_{IVP} = 0.5$，$a_{ERP} + b_{ERP} = 0.5$。q_{EII} 和 q_{EFI} 分别为企业对上一时间段创新收益和损失的感知系数，由技术创新企业对于创新收益和损失的敏感程度决定，q_{EII}，$q_{EFL} > 0$。

（2）银行信贷决策

银行信贷决策（BCD）决定于速率变量信贷风险感知（CRP），其关系可表示为：

$$BCD_t = \theta_{BCD} - CRP_t$$

其中，θ_{BCD} 表示银行无风险信贷意愿。银行作为金融机构，融资－投资是其资金运作的基本方式，也是其获取利润的根本渠道，因而银行存在对外贷款的意愿，但这种意愿受到贷款风险的影响，风险越大，这种意愿就越小，因此，设计常数 θ_{BCD} 来表示银行最大的信贷意愿，即当信贷对象没有风险时的信贷意愿。速率变量信贷风险感知（CRP）决定于辅助变量创新风险系数（IRF）和补偿后银行损失（CBL），其关系可分别表示为：

$$CRP = a_{CRP}IRF \times 10 + b_{CRP}CBL/q_{CBL}$$

其中，a_{CRP} 和 b_{CRP} 为值域为（0，1）的系数，且满足 $a_{IVP} + b_{IVP} = 1$。q_{CBL} 为银行风险损失感知系数，且 $q_{CBL} > 0$。

（3）风险投资决策

风险投资决策（RID）决定于速率变量投资收益感知（IIP）和投资风险感知（IRP），其关系可表示为：

$$RID_t = IIP_t - IRP_t$$

其中，投资收益感知（IIP）决定于辅助变量风投收益（RII）和创新项目先进性（AIP），投资风险感知（IRP）则决定于辅助变量补偿后投资损失（CIL）和创新风险系数（IRF），其关系可分别表示为：

$$IIP = a_{IIP}RII/q_{RII} + b_{IIP}AIP$$

$$IRP = a_{IRP}IRF \times 10 + b_{IRP}CIL/q_{CIL}$$

其中，a_{IIP}、b_{IIP}、a_{IRP} 和 b_{IRP} 为值域为（0，0.5）的系数，且满足 $a_{IIP} + b_{IIP} = 0.5$，$a_{IRP} + b_{IRP} = 0.5$。q_{RII} 和 q_{CIL} 分别为风险投资公司对前一阶段风险投资收益和损失的感知系数，q_{RII}，$q_{CIL} > 0$。

（4）担保决策

担保决策（CGD）决定于速率变量担保意愿（CGA）和担保风险感知（GRP），其关系可表示为：

$$SPA_t = CGA_t - GRP_t$$

担保意愿（CGA）决定于辅助变量担保能力（CGC）和担保收益（CGI），而担保风险感知（GRP）则决定于辅助变量创新风险系数（IRF）和补偿后担保损失（CGL），其关系可分别表示为：

$$CGA = a_{CGA}CGC + b_{CGA}CGI$$

$$GRP = a_{GRP}CGL/q_{CGL} + b_{GRP}IRF \times 10$$

其中，a_{CGA}，b_{CGA}，a_{GRP} 和 b_{GRP} 均为值域为（0，0.5）的系数，且满足 $a_{CGA} + b_{CGA} = 0.5$，$a_{GRP} + b_{GRP} = 0.5$。q_{CGL} 为正数，是担保公司对前一段时期担保损失的感知系数。

（5）企业创新保险决策

企业创新保险决策（EGD）决定于速率变量企业风险感知（ERP）和企业保险成本（EGC），其关系可表示为：

$$EGD_t = ERP_t - EGC_t$$

其中，企业保险成本（EGC）受到辅助变量补贴后保费价格（CIP）影响，其关系可表示为：

$$EGC = CIP/q_{EGC}$$

其中，q_{EGC} 为技术创新企业对科技保险保费价格的感知系数，且 $q_{EGC} > 0$。

（6）风投保险决策

风投保险决策（IID）决定于速率变量投资风险感知（IRP）和风投保险成本感知（ICP），其关系可表示为：

$$IID_t = IRP_t = ICP_t$$

其中，风投保险成本感知（ICP）决定于辅助变量补贴后保费价格（CIP），其关系可分别表示为：

$$ICP = CIP/q_{ICP}$$

其中，q_{ICP} 为风险投资公司对科技保险保费价格的感知系数，且 $q_{ICP} > 0$。

（7）担保保险决策

风投保险决策（GID）决定于速率变量担保风险感知（GRP）和担保保险成本感知（GCP），其关系可表示为：

$$GID_t = GRP_t - GCP_t$$

其中，担保保险成本感知（GCP）决定于辅助变量补贴后保费价格（CIP），其关系可分别表示为：

$$GCP = ICP/q_{GCP}$$

其中，q_{GCP} 为信贷担保公司对科技保险保费价格的感知系数，且 $q_{GCP} > 0$。

（8）保险决策

保险决策（SID）决定于速率变量保险收益感知（SIP）和保险风险感知（SRP），其关系可表示为：

$$SID_t = SIP_t - SRP_t$$

保险收益感知（SIP）决定于辅助变量保费价格（IPP）、保险成交量（SIV），以及常量保险损失补偿比例（IIS），而保险风险感知（SRP）则决定于辅助变量创新风险系数（IRF），其关系可分别表示为：

$$SIP = a_{SIP}IPP/q_{IPP} + b_{SIP}SIV/q_{SIV} + c_{SIP}IIS \times 10$$

$$SRP = a_{SRP}IRF \times 10$$

其中，a_{SIP}，b_{SIP}，c_{SIP} 和 a_{SRP} 均为值域为（0，0.5）的系数，且满足 $a_{SIP} + b_{SIP} = 0.5$。q_{IPP} 和 q_{SIV} 为正数，分别是保险公司对保费价格和保险成交量的收益影响感知。

辅助变量是系统动力学模型中的联系各状态变量的重要中间变量，企业技术创新风险间接补偿政策与效果 SD 模拟系统中包含 41 个辅助变量，其名称及具体相互关系如表 20 - 1 所示。

表 20 - 1　　　　　　　　　　辅助变量

名称	关系式
创新项目先进性（AIP）	$AIP = \theta_{AIP} + EID$
创新风险系数（IRF）	$IRF = AIP/p_{IRF}$
企业创新投入（EIP）	$EIP = q_{EIP}EID + \theta_{EIP}$
银行信贷额度（BCV）	$BCV = \theta_{BCV} + q_{BCV}BCD$
风险投资额度（RIV）	$RIV = q_{RIV}IID + \theta_{RIV}$
技术创新规模（SII）	$SII = EIP + BCV + RIV$
风投比例（RRI）	$RRI = RIV/SII$
技术创新收益（III）	$III = SII \times AIP/q_{III}$

续表

名称	关系式
风投收益（*RII*）	$RII = RRI \times III$
企业创新收益（*EII*）	$EII = III - RII$
技术创新风险损失（*IIL*）	$IIL = \theta_{IIL} SII \times (IRF + 1)$
投资风险损失（*IRL*）	$IRL = RRI \times IIL$
技术创新企业损失（*IEL*）	$IEL = IIL - IRL$
企业损失承担能力（*LCB*）	$LCB = m_{LCB} \times EIP$
企业承担的损失（*EBL*）	$IF\ THENELSE\ (IEL > lCB,\ LCB,\ IEL)$
银行坏账额（*BLA*）	$IF\ THEN\ ELSE\ (IEL > LCB,\ IEL - LCB,\ 0)$
担保额（*AOG*）	$AOG = q_{AOG} CGD + \theta_{AOG}$
银行损失（*BCL*）	$IF\ THEN\ ELSE\ (AOG > BLA,\ 0,\ BLA - AOG)$
担保损失（*GLB*）	$MIN\ (BLA,\ AOG)$
补偿后银行损失（*CBL*）	$CBL = BCL \times (1 - CPB)$
担保能力（*CGC*）	$CGC = \theta_{CGC} \times (1 + CPG)$
担保收益（*CGI*）	$CGI = \theta_{CGI} \times (1 + PCG)$
企业创新保险需求（*SIN*）	$EIP = q_{EIP} EGD + \theta_{SIN}$
风险投资保险需求（*IIN*）	$IIN = q_{IIN} IID + \theta_{IIN}$
担保保险需求（*GIN*）	$GIN = q_{GIN} GID + \theta_{GIN}$
总保险需求（*TIN*）	$TIN = SIN + IIN + GIN$
企业保险需求比例（*SNP*）	$SNP = SIN / TIN$
风投保险需求比例（*INP*）	$INP = IIN / TIN$
担保保险需求比例（*GNP*）	$GNP = GIN / TIN$
保险供给（*SIS*）	$SIS = q_{SIS} SID + \theta_{SIS}$
保险成交量（*SIV*）	$MIN\ (TIN,\ SIS)$
企业保险保额（*EIA*）	$EIA = SNP \times SIV$
企业最终损失（*EFL*）	$IF\ THEN\ ELSE\ (EBL > ELA,\ EBL - ELA,\ 0)$
风投保险保额（*IIA*）	$IIA = INP \times SIV$
最终风投损失（*FIL*）	$IF\ THEN\ ELSE\ (IRL > ILA,\ IRL - IIA,\ 0)$
补偿后投资损失（*CIL*）	$CIL = FIL \times (1 - CPI)$

续表

名称	关系式
担保保险保额（GIA）	$GIA = GNP \times SIV$
最终担保损失（FGL）	$IF\ THEN\ ELSE\ (GLB > GIA,\ GLB - GIA,\ 0)$
补偿后担保损失（CGL）	$CGL = FGL \times (1 - CPG)$
保费价格（IPP）	$IPP = \theta_{IPP} - q_{IPP}SID$
补贴后保费价格（CIP）	$CIP = IPP \times (1 - CPS)$

表 20 - 1 中所有 p_i 和 q_i 均为正数感知系数或转换系数，θ_i 为基本常数，即决策主体在不受决策因素影响条件下产生的基本投入、供给或需求量。m_{LCB} 企业风险损失承担能力的扩大系数，与技术创新企业投资后的剩余流动资金有关。CPB 为坏账损失补偿比率，CPG 为担保准备金补贴比例，PCG 为担保费补贴比率，CPI 为投资损失补偿比例，CPG 为担保损失补偿比例，CPS 为政府保费补贴比例。

至此，企业技术创新风险间接补偿政策与效果 SD 模拟模型的理论设计阶段完成，当该 SD 模拟模型实际用于模拟某一地区间接补偿政策效果时，需要进行模型的第三阶段设计，即对模型内各项常量和参数进行估计。

计算和估计模型常量和各项参数主要有两种方法：第一种方法是估测法，即通过对企业技术创新风险间接补偿政策运作过程中的相关主体进行调研，并对企业技术创新风险间接补偿政策的运作环境进行评估，进而根据调研和评估的结果，运用统计学方法对常量和参数进行估计，该方法主要适用于企业技术创新风险间接补偿体系尚未建立的地区；第二种方法则是反推计算法，即通过企业技术创新风险间接补偿政策运作的经验数据进行反推计算，以确定相关常量和参数，进而运用模型进行模拟和预测计算。该方法适用于已经构建企业技术创新风险间接补偿体系，且已推行企业技术创新风险间接补偿政策 3 年以上的地区。为了验证模型的有效性，并进一步比较和分析各种间接补偿政策工具组合的效果，本节根据我国企业技术创新发展的现状，对某假设地区采用估测法设计各项常量和参数值,从而构建一个理论性的假设算例。算例中各项常量和参数值的设定如表 20 - 2 所示。

表 20 - 2　　　　　　　　　　　假设算例参数表

变量名	数值	单位	变量名	数值	单位	变量名	数值	单位
a_{IVP}	0.3	—	b_{IVP}	0.2	—	a_{ERP}	0.3	—
b_{ERP}	0.2	—	q_{EII}	1 500	万元	q_{EFI}	500	万元
a_{CRP}	0.4	—	b_{CRP}	0.6	—	q_{CBL}	500	万元
a_{IIP}	0.3	—	b_{IIP}	0.2	—	a_{IRP}	0.2	—
b_{IRP}	0.3	—	q_{CIL}	500	万元	q_{RII}	1 500	万元
a_{CGA}	0.3	—	b_{CGA}	0.2	—	a_{GRP}	0.3	—
b_{GRP}	0.2	—	q_{CGL}	150	万元	q_{EGC}	2	万元
q_{ICP}	2	万元	q_{GCP}	2	万元	a_{SIP}	0.2	—
b_{SIP}	0.1	—	c_{SIP}	0.2	—	a_{SRP}	0.5	—
q_{IPP}	750	万元	q_{SIV}	1	万元	θ_{AIP}	5	—
p_{IRE}	10	—	q_{EIP}	1 000	万元	θ_{EIP}	5 000	万元
P_{BCD}	1 000	万元	q_{RIV}	1 000	万元	θ_{RIV}	5 000	万元
q_{III}	10	—	m_{LCB}	1.2	—	q_{AOG}	200	万元
θ_{AOG}	1 000	万元	θ_{CGC}	5	—	θ_{CGI}	5	—
q_{EIP}	500	万元	θ_{SIN}	2 500	万元	q_{IIN}	500	万元
θ_{IIN}	2 500	万元	q_{GIN}	200	万元	θ_{GIN}	1 000	万元
q_{SIS}	1 500	万元	θ_{SIS}	7 500	万元	θ_{IPP}	5	万元
q_{IPP}	1	万元	θ_{IIL}	0.5	—	θ_{BCD}	5	—
θ_{BCV}	5 000	万元	q_{BCV}	1 000	万元			

　　为了确定该算例在无补偿政策影响下,整个企业技术创新风险分摊系统的运作状况,现将各政策相关常量取值为 0,对于该模型的模拟计算,本节选取 Vensim 软件作为模拟工具。基于以上参数和常量的估计和取值,运用 Vensim 模拟软件,设置 INITIAL TIME = 0,FINAL TIME = 10,TIME

STEPT = 0. 25，UNITS for TIME 为 Year。即模拟时间从 2013 年 1 月起（设置该点为时间零点），模拟 10 年，每季度模拟计算一次。

经过模拟计算，在无政府补偿条件下，系统自主运行各主体的决策情况如图 20 - 10 所示。

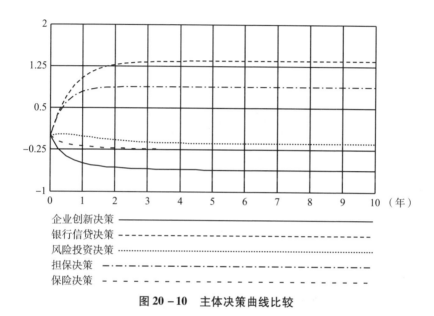

图 20 - 10　主体决策曲线比较

由图 20 - 10 可知，在无政府补偿条件下，企业技术创新意愿处于持续下降状态，下降速度逐渐减缓，保险公司的科技保险承保意愿和风险投资意愿有少量下降，基本处于平稳状态，银行信贷意愿和担保意愿快速上升，并最终趋于稳定。

在该决策曲线下，区域企业技术创新的投入、收益以及技术创新项目先进性状况如图 20 - 11 所示。

在无政府补偿条件下，技术创新投入逐步增加，而收益却逐步减少，技术创新效率呈现降低趋势。技术创新项目先进性呈逐步下降趋势，企业承担高风险技术创新项目的意愿逐步降低。企业技术创新的社会效益严重下降。

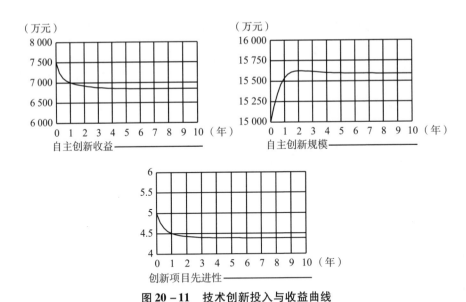

图 20-11　技术创新投入与收益曲线

各参与分摊风险的主体的损失情况如图 20-11 所示。

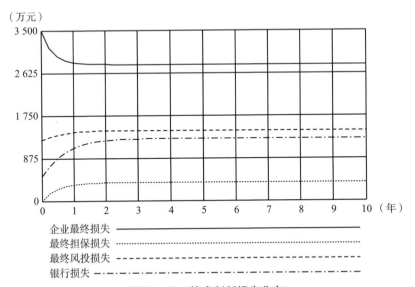

图 20-12　技术创新损失分布

如图 20 - 12 所示，技术创新企业是损失的主要承担主体，而随着企业技术创新能力和收益的下降，企业的抗风险能力也随之降低，因而银行和担保公司所承担的风险损失逐步增长，而风险投资公司所承担的风险损失基本处于持平状态。

从科技保险角度看，保险的成交量和保费价格变化情况如图 20 - 13 所示。

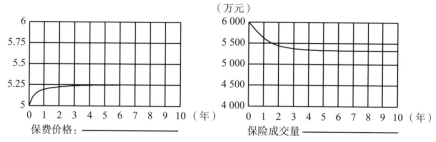

图 20 - 13　科技保险保费价格和保险成交量曲线

如图 20 - 13 所示，科技保险的保费价格逐步提高，而保险的成交量却逐步降低。科技保险的使用效率下降。

20.2.7　企业技术创新风险的各种间接补偿工具组合模拟分析

目前，企业技术创新风险的间接补偿方式主要有四种：科技保险补偿、风险投资补偿、信贷担保补偿、银行信贷补偿，而补偿工具则包括七种：科技保险保费补偿、科技保险损失补偿、风险投资损失补偿、信贷担保费补偿、信贷担保准备金补贴、信贷担保损失补偿、银行坏账补偿。

本节根据这些补偿政策工具的作用和相互关系，提出以下几种补偿工具组合方式。

（1）风险投资补偿—科技保险补偿—信贷担保补偿

这种间接补偿组合模式的核心目的在于最大程度的分摊技术创新风险，充分发挥科技保险的作用，分摊各主体的风险，同时运用担保服务分摊银行风险,以风险投资分摊企业风险。从政策工具层面分析,则科技保险政策的两种工具平衡使用,同时提高保险的需求和供给,信贷担保政策的三种工具以准备金补贴和担保费补贴为主,适当进行担保损失补贴。基于这一思想,设置各工具补偿比例如表20-3所示。

表20-3　　　风险投资补偿—科技保险补偿—信贷担保补偿
组合模式下的补偿参数设置

参数名称	科技保险保费补偿	科技保险损失补偿	风险投资损失补偿	信贷担保保费补偿	信贷担保准备金补贴	信贷担保损失补偿	银行坏账补偿
参数值	0.5	0.5	0.4	0.5	0.7	0.3	0

将以上参数输入算例模型中,经计算得到如图20-14、图20-15、图20-16所示的结果。

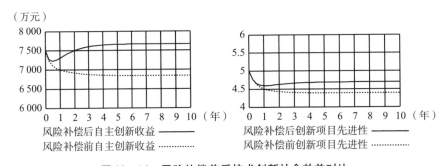

图20-14　风险补偿前后技术创新社会效益对比

如图20-14所示,补贴后整体技术创新收益上升,且技术创新项目的先进性逐步提高,企业技术创新的社会价值得到全面提升。如图20-15所示,由于企业技术创新项目的先进性提高,创新损失总额增加,但从损失的分布来看,技术创新企业承担的损失大幅度减少,由此可知,技术创新风险损失被社会风险分摊组织大幅度分摊。如图20-16所示,在该补偿工具组合条件下,科技保险发展十分迅速,保险成交量迅速增长,保费价格下降，有利于科技保险的大规模运作，实现同质风险的集聚，提高科技保险的风险防范效果。

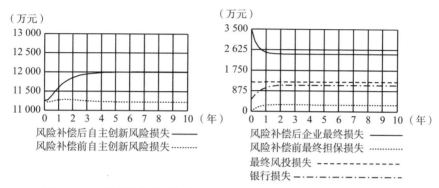

图 20-15　风险补偿前后创新损失总额对比图和补偿后风险损失分布

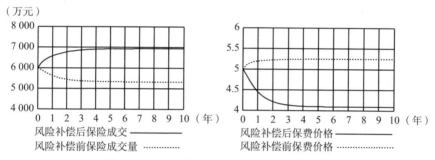

图 20-16　风险补偿前后科技保险情况对比

基于以上结果，可以得出如下结论：在该补偿工具组合模式下，企业技术创新风险被大幅度分摊，并最终积聚于保险公司，而保险公司通过科技保险运作予以化解，有利于减少整个系统的技术创新风险，提高系统的技术创新收益。

（2）风险投资补偿—科技保险补偿

这种间接补偿组合模式的核心目的在于充分发挥风险投资对企业技术创新风险的分摊作用，促进风险投资者与企业共同创新并分享利益。从政策工具层面分析，科技保险政策主要是帮助企业和风险投资者分摊风险，因而，应该以保费补贴为主，同时少量补偿保险风险损失，以保证科技保险供给。基于这一思想，设置各工具补偿比例如表20-4所示。

表20-4　风险投资补偿—科技保险补偿组合模式下的补偿参数设置

参数名称	科技保险保费补偿	科技保险损失补偿	风险投资损失补偿	信贷担保费补偿	信贷担保准备金补贴	信贷担保损失补偿	银行坏账补偿
参数值	0.4	0.2	0.8	0	0	0	0

将以上参数输入算例模型中，经计算得到该组合模式下，补偿政策在社会效益方面的作用与前一种模式相当，但从风险损失的分布状况分析，风险投资所分摊的损失明显增加，而企业承担的损失额也明显减少，其他的基本不变。具体如图20-17所示。

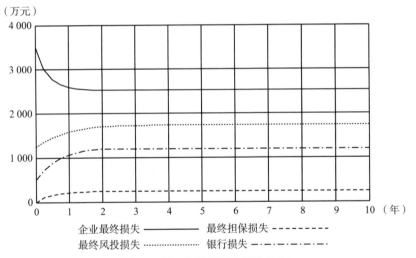

图20-17　补偿后风险损失分布

基于该结果可以得到以下结论：对于风险投资进行集中补偿，只要补偿额度足够，也能够起到有效分摊企业技术创新风险，提高技术创新收益和技术创新项目先进性的作用。如果借助科技保险的在分摊，也能够有效地控制风险投资损失，使之处于适当的水平。

（3）信贷担保补偿、银行信贷补偿

这种间接补偿组合模式的核心目的在于充分发挥银行信贷的作用，让技术创新企业承担主要的风险，并获取全部的风险收益，从而体现出企业技术创新的"风险自担"原则。从政策工具层面分析，信贷担保是技术创新企业取得银行信贷的关键因素，特别是对于风险承担能力和还款能力较弱的中小型高科技企业，此外，一旦信贷担保充分发挥作用，银行的损失将被充分地分摊，因而信贷担保的损失补偿和准备金补贴力度应当较高，而银行坏账损失补偿和信贷担保费补偿则应相对较低。基于这一思想，设置各工具补偿比例如表 20 – 5 所示。

表 20 – 5　信贷担保补偿—银行信贷补偿组合模式下的补偿参数设置

参数名称	科技保险保费补偿	科技保险损失补偿	风险投资损失补偿	信贷担保费补偿	信贷担保准备金补贴	信贷担保损失补偿	银行坏账补偿
参数值	0	0	0	0.4	0.8	0.8	0.5

将以上参数输入算例模型中，经计算得到如图 20 – 18、图 20 – 19 所示的结果。

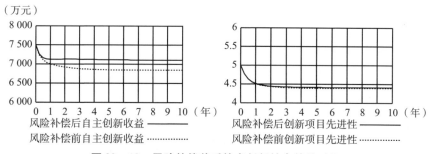

图 20 – 18　风险补偿前后技术创新社会效益对比

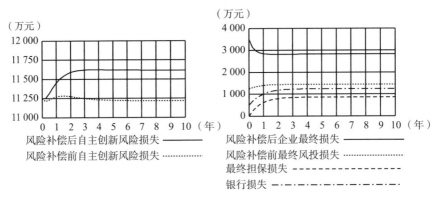

图 20 - 19　风险补偿前后创新损失总额对比图和补偿后风险损失分布

如图 20 - 18 所示，这种补偿组合模式下，系统运作的社会效益显然没有前两种组合模式明显，创新收益提升较少，且仍然处于逐步下降趋势，创新项目先进性几乎没有提高。而从损失情况看，如图 20 - 19 所示，损失总额大幅度提高，担保损失相对其他补偿组合模式大幅度上升，银行损失则基本持平。出现这一现象的主要原因是银行信贷仅能为企业提供足够的投入资金，一旦发生风险，风险损失仍然先由技术创新企业承担，只有超出企业承担限额的部分才由银行和担保公司承担，故而对企业技术创新风险的分摊能力不足，企业风险感知依然较高，不愿承担高风险技术创新项目。

基于该结果可以得到以下结论：仅依靠银行信贷和担保无法有效地分摊企业风险，政府在无直接补偿条件下，考虑间接补偿工具组合时，应充分考虑企业技术创新风险的分散，以切实降低企业的风险感知。

（4）间接补偿全工具组合

所谓全工具组合，是指政府采用全部的间接补偿工具，在不同的风险损失点，对企业技术创新风险进行补偿。考虑到充分降低企业技术创新风险，对科技保险和信贷担保的补偿应予以加强。基于这一思想，设置各工具补偿比例如表 20 - 6 所示。

表 20-6　　　　　间接补偿全工具组合模式下的补偿参数设置

参数名称	科技保险保费补偿	科技保险损失补偿	风险投资损失补偿	信贷担保费补偿	信贷担保准备金补贴	信贷担保损失补偿	银行坏账补偿
参数值	0.4	0.7	0.5	0.4	0.7	0.7	0.5

将以上参数输入算例模型中，经计算得到如图 20-20、图 20-21、图 20-22 所示的结果。

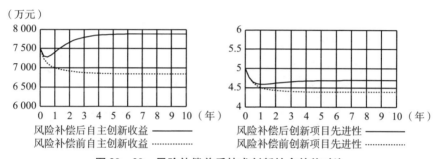

图 20-20　风险补偿前后技术创新社会效益对比

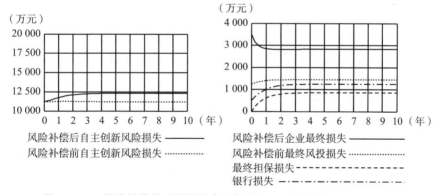

图 20-21　风险补偿前后创新损失总额对比图和补偿后风险损失分布

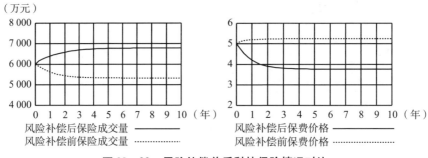

图 20-22　风险补偿前后科技保险情况对比

如图 20-20 所示,在间接补偿全工具组合补偿模式下其风险收益大幅度上升,技术创新项目先进性也有明显提高,相比其他组合而言,效果更为明显。从风险损失分析,如图 20-21 所示,损失总额较其他补偿模式下有所提高,企业技术创新风险损失情况与其他补偿模式相近,但银行的损失量有所提高。如图 20-22 所示,从科技保险角度看,保费下降程度较其他模式下更大,保险成交量基本持平。

基于该结果可以得到以下结论:在全工具补偿模式下,其社会效益明显提高,但政府的补偿投入大幅度上升。造成该结果的主要原因仍然是没有充分发挥科技保险和担保的作用,应当进一步提高对于这两者的补贴。

20.3　企业技术创新风险间接补偿体系发展的政策建议

20.3.1　企业技术创新风险的间接补偿制度的创新思路

由于企业技术创新风险的间接补偿体系由科技保险补偿、银行信贷补偿、信贷担保补偿以及风险投资补偿四个部分构成,其中银行信贷补偿和信贷担保补偿联系紧密,可划分为同一个政策模块,与其他两个部分共同构成企业技术创新风险间接补偿的三个政策模块,而制度创新也应围绕着三个政策模块分别展开。

（1）科技保险补偿制度创新

目前我国对于科技保险的风险补偿主要推行的是以保费补贴为主体，与科技保险风险损失补偿制度相结合的制度体系，而科技保险风险损失补偿制度只在少数地区得以实施，大部分地区只有保费补贴制度。保费补贴的目的是直接降低保费价格，提高技术创新企业的投保意愿和能力，促进科技保险发展。依照保险的运作原理，只要有足够的保费，那么保险公司通过同质风险的聚集，应该能够确保公司在赔偿风险损失的基础上获得预期的利润。但由于科技风险的弱可保性以及同质风险的数量限制，保险公司难以准确厘定费率，由于承保科技保险所承受的损失往往远远超过其预期，因此政府的损失补贴行为也成为保险公司经营科技保险初期的重要保障力量。

目前，科技保险补偿制度创新的关键在于逐步转保费补贴为风险损失补偿，同时鼓励保险公司之间的再投保和联保行为。转保费补贴制度为风险损失补偿制度是为了减少政府的低效事前补偿行为，提高补偿资金的补偿效果。政府首先应逐步削减保费补贴投入，将其转移至风险损失补偿。在削减保费补贴的同时，以政策为杠杆，引导企业投保，并逐步以推行固定（参考）费率的方式，规定科技保险各险种的保费费率，从而宏观调节保费价格。风险损失补偿制度应该以保险理赔为基础，政府针对每一笔理赔，经过审核和调查，给予适当比例的风险损失补贴。鼓励科技保险再投保和联保行为的制度，可以通过政府风险损失补偿比例的设置来实现，对于进行了合理风险再分摊的保单损失，政府以保单为基本单位，依照风险分摊比例，给予所有参与联保的保险公司较高比例的风险损失补贴。为了鼓励保险公司积极承保企业技术创新各个方面的风险，风险损失补偿制度还应包括对企业科技保险险种创新的鼓励政策，即对于科技保险新险种发生的风险损失，政府会以较高比例优先补偿。

（2）银行信贷及信贷担保补偿制度创新

对于银行信贷和信贷担保的补偿应设立合作补偿准备金制度，所谓合作补偿准备金制度是指政府在合作银行或担保公司的内部，与合作银行或担保公司共同构建风险补偿准备金，政府按照一定的比例对风险补偿准备金进行补贴的制度。该制度的建立有以下几大要点:其一,合作关系的构建与解除制度。从政策的社会公平性角度,所有符合条件的银行和担保公司均可以与政府构建这种合作关系,而成立这种合作关系的条件设定应当以银行发放技术创新项目信用贷款的数额或担保公司为技术创新项目信贷提供担保的总担保额为基础,对于达到比例的银行或担保机构,政府即会与之建立合作关系,此后政府每年对其进行考核,若年信贷发放(担保)额度低于政府设立的标准,即与之解除合作关系。其二,合作补偿准备金的运作制度。合作补偿准备金应该由银行或担保公司构建,政府按照一定比例给予补贴。当银行发生坏账或担保公司发生担保损失,即由合作补偿准备金支出补偿,待坏账追回后,再返还至合作补偿准备金。其三,合作补偿准备金的转增和补充制度。当合作补偿准备金数额不足时,即由合作银行或担保公司对其进行补充,并对补充款项申请政府补贴,政府则在下一财政年度对其进行财政拨款补贴。若上一年度未使用完的合作补偿准备金自动转增至下一年度的合作补偿准备金,同时,对于担保公司而言,在每年担保企业技术创新风险所获得的收益的应缴税款中,担保公司可以按照一定比例留存,并作为政府补贴注入合作补偿准备金。

(3)风险投资补偿制度创新

目前我国对于风险投资公司的企业技术创新项目投资损失的补偿制度尚属空白,主要以投资奖励和税收优惠等鼓励政策代替。然则,风险投资公司一旦对技术创新项目进行投资,实际上就成了企业技术创新项目的投资主体,与技术创新企业类似,因而对其风险损失的补偿可以与对企业风险损失的直接补偿一并进行,风险投资公司获取投资收益的同时必须承担相应的风险损失,因而政府在对其进行风险损失补偿时应采用较低的补偿比例。政府可以在对企业技术创新风险进行直接补偿时,将投资公司的投资损失从技术创新项目损失中分离出来,以另一套针对投资公司风险补偿设定的补偿比例和补偿评级体系对其进行评级和补偿比例核算,进而根据核算结果对其进行风险损失补偿。

企业技术创新风险补偿是国家技术创新体系中的重要组成部分,其作用主要是对企业技术创新风险损失进行补偿,因而,企业技术创新风险补偿与国家技术创新体系的协同制度设计至关重要。

企业技术创新风险补偿与国家技术创新体系的协同主要体现在风险补偿政策与技术创新鼓励政策、技术创新支撑政策的协同。

风险补偿政策与技术创新鼓励政策之间存在互补和重叠双重关系，正如之前的分析中所提到的，部分企业技术创新鼓励政策的目的与风险补偿政策相同，都是降低企业对技术创新的风险感知，不同的是鼓励政策对企业的补助在项目启动之前，用以降低企业的技术创新成本，而风险补偿政策在项目发生损失之后，用以直接减少企业的技术创新损失。为了防止政府对同一企业或技术创新项目的重复补助或补偿，政府应当制定鼓励政策与风险补偿政策的协同制度。政府可以将部分鼓励政策与风险补偿政策合并，形成一套补奖结合的企业技术创新促进政策体系。将鼓励政策后置，与补偿政策同时开展。对于技术创新企业的直接鼓励和补偿政策，可将技术创新企业按照技术创新项目的成功和失败分为两类，若技术创新项目成功则享受鼓励性税收优惠政策和奖励政策，若技术创新项目失败，则享受补偿性税收优惠政策和风险损失补偿政策。部分地区目前执行的以奖代补、奖补结合的政策体系，就是构建协同制度的良好基础。对于社会风险分摊组织的鼓励和间接补偿政策，可将与间接补偿政策重叠的鼓励性政策逐步萎缩，以间接补偿政策予以替代，只保留鼓励政策中的税收优惠政策，从而形成税收优惠与风险损失补偿相结合的政策体系。

企业技术创新风险补偿政策与技术创新支撑政策主要存在互补关系，企业技术创新风险补偿政策主要局限于资金支持，而技术创新支撑政策则包含人力、物力、信息、技术和管理的支持。企业技术创新风险补偿政策主要目的是降低企业的技术创新风险感知，而降低感知有两种途径，一种是补偿风险损失，另一种则是直接降低风险发生概率，技术创新支撑政策可以通过为技术创新企业提供风险管理支撑、风险信息支撑和风险管理人员支持，提高技术创新企业的风险识别、预警、预控和规避能力，从而降低技术创新风险的发生概率。企业技术创新风险补偿政策可以通过补偿制度的设计引导技术创新企业积极开展风险防范工作，主动获取技术创新支撑体系所提供的风险防范支撑，从而提高技术创新支撑政策的实施效果，促进其发展。

20.3.2　企业技术创新风险补偿的政策设计

20.3.2.1　企业技术创新风险补偿的政策框架设计

从政策纵向结构上分析，企业技术创新风险补偿政策框架应当由两个层面构成：国家层面和地区层面。国家层面政策又称为基本政策或中央政策，一般由国务院及政策相关部级职能部门制定。地方层面政策则一般由省、市级政府按照国家颁布的基本政策制定，地方层面政策具备较强的可实施性，是国家层面政策的具体化结果。

从政策横向结构上分析，国家层面企业技术创新风险补偿政策应包括税收优惠政策、财政补贴政策和引导控制政策；地方层面企业技术创新风险补偿政策则应围绕补偿对象展开，包括技术创新企业补偿政策（直接补偿政策）、科技保险补偿政策、风险投资补偿政策、银行信贷补偿政策、信贷担保补偿政策等。

从补偿资金来源结构分析，国家层面的补偿资金较少，主要依靠国税的优惠政策给予少量的补偿，而主要的补偿资金来源于地方层面，地方层面上一般涉及三个层级政府的补偿：省级政府、市级政府和区级政府。省级政府的补偿资金也相对较少，特别是对于副省级大型城市或省会城市，省级政府一般不给予补偿资金，只有省内的部分经济欠发达的市、县、区由省政府统一管理，拨划资金予以补偿。主要的补偿资金源于市、区政府，大多是由市政府通过地方税收和财政对辖区内的企业和社会风险分摊组织给予补偿。

从政策的制定和推行上分析，国家层面所制定的是基本政策，主要是规定补偿的基本途径、方式，补偿的对象范围，补偿的基本目的和补偿政策的基本目标等。地方层面所制定的一般为具体的补偿政策，基于国家的基本政策和地方具体的政策环境，规定具体的补偿对象和范围，设计具体的补偿政策工具，确定具体的补偿方法和补偿强度，制定补偿政策的具体实施方法和流程。

企业技术创新风险补偿政策实际是由技术创新税收优惠政策、科技保险政策、部分企业技术创新扶持政策，以及一些新的补偿政策组合而成的一个新的政策体系，因此，该政策体系必须在不打破原有政策体系的基础上，将相关的已有政策纳入政策体系中，进而构建一个新的政策体系。按照我国目前的技术创新政策体系，所有与企业技术创新风险补偿政策有关的政策均隶属于技术创新政策体系，而技术创新政策体系主要分为技术创新企业扶持政策和创新环境促进政策两个部分，而创新环境促进政策中又往往依照扶持和促进对象的不同划分政策子系统。因而，为了与现有政策系统保持一致，企业技术创新风险补偿政策应隶属于国家技术创新政策体系，同时划分为直接补偿政策体系和间接补偿政策体系，直接补偿政策体系可划分于技术创新企业扶持政策系统之中，而间接补偿政策体系则划分于创新环境促进政策系统中，此外，间接补偿政策框架应该与创新环境促进政策系统保持一致，即以补偿对象为基础划分。具体的企业技术创新风险补偿政策框架如图 20 – 23 所示。

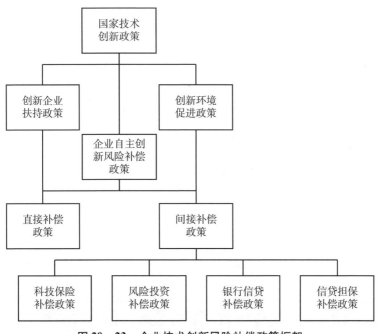

图 20 – 23　企业技术创新风险补偿政策框架

20.3.2.2　企业技术创新风险补偿的基本政策设计

企业技术创新风险补偿的基本政策为国家层面政策，应当由国务院、科技部、国家税务总局、保监会等机构联合制定和发布。企业技术创新风险补偿的基本政策应包括以下几个方面的内容：

（1）政策总体思路与目标

为贯彻实施《国家中长期科学和技术发展规划纲要（2006—2020年)》，促进各地区企业技术创新发展，在全国逐步推行企业技术创新风险补偿政策。政策的主要目标是通过对企业技术创新风险损失承担主体的风险损失补偿和鼓励引导政策，降低企业和社会风险分摊机构对企业技术创新风险的感知，提高技术创新企业的抗风险能力和企业技术创新风险的社会分摊能力，促进企业技术创新风险的社会分摊，提高企业的技术创新意愿，进而全面增强我国科技型企业、特别是中小型科技企业的技术创新能力，促进全国各地区的科技和经济发展。

企业技术创新风险补偿政策包括技术创新企业补偿、科技保险补偿、技术创新风险投资补偿、银行技术创新信贷补偿、技术创新信贷担保补偿五个政策模块，以现有的税收优惠政策、高科技企业扶持政策、技术创新补贴政策、科技保险政策为基础，以企业技术创新风险损失补偿政策为核心，积极探索政策企业技术创新风险补偿的新方法和新模式，逐步构建和完善国家—地方企业技术创新风险补偿政策体系。

（2）政策试点与推广

政策采用先试点、后推广的方式，在全国范围逐步展开，首批试点城市应为创新资源丰富、科技型企业密集、技术创新能力较强的大中型城市和高新区，以城市申请、中央相关部门审批的方式确定。被确定为试点城市的城市或高新区，在试点期内享受国家财政专项拨款和税收优惠政策。试点期为三年，三年后视试点情况在全国范围内推广。

（3）补偿对象和范围

企业技术创新风险补偿政策的实施对象为试点区域内全部技术创新企业及开展科技保险、企业技术创新信贷、企业技术创新信贷担保和企业技术创新风险投资业务的企业或银行，特别是抗风险能力较弱的中小型科技企业和社会风险分摊组织。补偿范围为与企业技术创新项目，以及与企业技术创新相关的保险、风险投资、信贷和信贷担保业务，重点扶持国家重点创新项目和高风险技术创新项目。

（4）补偿方式与资金来源

企业技术创新风险补偿政策采用财政补偿、补贴与税收优惠相结合的方式，以国家专项拨款和地方政府配套拨款的财政补偿、补贴为主，税收优惠政策为辅。各试点地区应根据实际情况制定切实可行的企业技术创新风险补偿办法，设立专项资金，构建专门领导机构，积极联合社会中介机构，保障政策的有序实施。

（5）税收优惠政策

国税优惠政策以现有的技术创新税收优惠政策为主体，各试点地区视本地区情况进行税收优惠政策创新，报国税总局审批后施行。保险公司、担保公司和风险投资公司等社会风险分摊组织可类比技术创新企业享受国家技术创新税收优惠政策，也可由试点地区政府制定有针对性的税收优惠政策，报国税总局审批后施行。各试点地区应结合国税优惠政策制定配套地方税收优惠政策，以满足政策试点需求。

（6）财政补贴和补偿政策

财政补贴政策主要包括科技保险保费补贴、技术创新信贷担保费补贴政策和技术创新信贷担保准备金补贴政策，财政补偿政策则包括企业技术创新风险损失补偿、银行技术创新信贷坏账损失补偿、技术创新项目风险投资损失补偿和技术创新信贷担保损失补偿。所有补偿和补贴均在费用支出或损失发生后进行，采用按比例补偿和补贴的方式。

（7）政策实施机构

政策以各试点地区设立的专门领导小组为核心，以各地区的科技部门为主体，财政部门、税收部门，及各相关行政、事业单位配合实施。

20.3.2.3　企业技术创新风险补偿的地方政策设计

企业技术创新风险补偿的地方政策应当由省市级科技局、国税局、地税局联合制定和实施。企业技术创新风险补偿的地方政策应分为技术创新企业补偿政策、科技保险补偿政策、技术创新风险投资补偿政策、银行技术创新信贷补偿政策和技术创新信贷担保补偿政策五个部分分别制定，其政策主体应当围绕补贴和补偿实施办法展开。

（1）技术创新企业补偿政策

技术创新企业补偿政策主要包括补偿申请办法、风险评估与补偿评级办法、补偿实施办法。

①补偿申请办法。

其一，补偿申请对象。补偿申请对象应当是国家认定的高新技术企业，且申请补偿的企业必须拥有即将在一年以内实施的技术创新项目。

其二，补偿申请流程。补偿申请分为两个阶段：第一阶段为补偿资格申请阶段，技术创新企业在开展技术创新项目之前，凭技术创新项目计划书、项目可行性研究报告、企业技术创新风险补偿资格认定申请书等材料向科技局相关部门提出补偿资格认定申请，经相关部门审查、审批后，对符合补偿条件的申请项目进行备案。第二阶段为损失补偿申请阶段，在获取补偿资格的技术创新项目发生风险损失后一个月之内，由技术创新企业凭损失报告书和损失补偿申请书向科技局相关部门提出申请。

②风险评估与补偿评级办法。

其一，评估对象。获得资格认定，且在风险损失发生后按时提出损失补偿申请的技术创新项目。

其二，评估机构。风险评估与补偿评级必须由科技局相关部门设立的专门机构或指定的专业风险评估机构执行。

其三，风险评估与补偿评级流程。在技术创新项目获得补偿资格认定之后，评估机构不定期对技术创新项目的风险防范体系进行抽查，并对其风险状态进行评估，评估结果作为最终风险评级的依据。风险损失发生之后，评估机构在接到损失补偿申请一个月内，对申请项目展开风险评估，风险评估分为三个阶段：申请材料审核阶段、损失原因调查阶段、损失评估认定阶段。在风险评估后，评估机构依据评估结果对技术创新项目进行补偿评级，并向科技局相关部门提交评估评级报告。

其四，补偿级别设定。依照技术创新项目损失原因和技术创新项目重要性进行补偿分级，共分为四个级别：第一级别为重要技术创新项目，在技术创新企业无主观过失情况下发生的风险损失；第二级别为一般项目在技术创新企业无过失情况下发生的风险损失；第三级别为重要项目因技术创新企业主观过失引起的风险损失；第四级别为一般项目因技术创新企业主观过失引起的风险损失。

③补偿实施办法

其一，补偿比例。补偿比例依照补偿评级设定，第一级别补偿80%以上；第二级别补偿60%以上，不超过75%；第三级别补偿40%以下，不低于20%；第四级别补偿20%以下。

其二，补偿实施流程。科技局相关部门在接到风险评估和补偿评级报告之后，经审核后，通报技术创新企业，获得企业认可之后，在15天内对企业实施补偿。

（2）科技保险补偿政策

科技保险补偿政策主要应包括保费补贴办法和保险损失补偿办法。

①科技保险保费补贴办法。

其一，补贴对象。主要针对开展技术创新项目的企业、投资技术创新项目的风险投资公司、为企业技术创新项目信贷提供担保的担保公司投保科技保险相关险种的保险费用进行补贴。补贴对象必须是科技保险相关险种的保费，且所保风险必须与企业技术创新项目有关。

其二，补贴比例。补贴比例分为五个等级：第一等级为针对国家重点技术创新项目主要风险所投保的科技保险，保费补贴比例为全额补贴；第二等级为针对国家重点技术创新项目的非主要风险，或省市级重点技术创新项目的主要风险所投保的科技保险，保费补贴比例为80%；第三等级为针对省市级重点技术创新项目的非主要风险，或高风险技术创新项目的主要风险所投保的科技保险，以及科技局所认定的对企业技术创新有重要支撑作用的新险种，保费补贴比例为60%；第四等级为科技局认定的重点扶持对象高科技企业的非重点技术创新项目所投保的科技保险，保费补贴比例为40%；第五等级为其他高科技企业技术创新项目所投保的科技保险，保费补贴比例在20%以上，不超过35%。

其三，补贴申请与实施办法。补贴申请由保险公司统一向科技局相关部门提出，保险公司定期对本公司符合补贴条件的科技保险业务相关资料进行收集和整理，报科技局相关部门审核、审批，科技局相关部门在审批后对符合补贴条件的企业实施保费补贴。

②科技保险损失补偿办法。

其一，补偿对象。主要针对发生保险理赔的，与企业技术创新相关的科技保险业务实施损失补偿。

其二，补偿比例。补偿比例分级与保费补贴政策相同，分为五个等级：第一等级补偿80%，第二等级补偿60%，第三等级补偿40%，第四等级补偿20%，第五等级补偿不超过10%。

其三，补偿申请与实施办法。补偿申请由保险公司定期向科技局相关部门提出，经审核、审批后，科技局相关部门每半年向保险公司对符合条件的保险损失进行一次集中补偿。

（3）技术创新风险投资补偿政策

技术创新风险投资补偿政策主要是投资损失补偿办法。

其一，补偿对象。必须是对企业技术创新项目的风险投资所引起的投资风险损失才能享受技术创新风险投资补偿政策。

其二，补偿申请与损失认定。技术创新风险投资补偿申请应由投资损失者在所投资项目中止或终止后向科技局相关部门提出。申请材料应包括损失补偿申请书、专业损失评估机构出具的损失认定书，投资项目终止或中止证明等。科技局相关部门在接到申请后，对材料进行审核和调查，并对风险投资公司的补偿资格和投资实际损失予以认定。

其三，补偿比例。对于技术创新风险投资损失的补偿比例应在20%以上，原则上不超过60%。对于投资中小型企业的技术创新项目、国家重点技术创新项目、高风险技术创新项目的风投损失应给予较高比例的补偿。

其四，补偿实施办法。技术创新风险投资补偿以风投项目为基础，一项一补、遇损即补。一旦风险投资项目结束，且确认损失，风险投资公司应在2个月内向科技局相关部门提出申请，在经过审查、损失认定和最终审批之后，相关部门应当在接到申请后3个月内对风险投资公司实施补偿。

（4）银行技术创新信贷补偿政策

银行技术创新信贷补偿政策主要包括合作补偿准备金设立办法、合作补偿准备金的运作和管理办法。

①合作补偿准备金设立办法。

其一，合作对象。与政府相关部门构建企业技术创新风险合作补偿关系的银行，其承担企业技术创新项目信用贷款业务的总量和比例必须高于政府相关部门的规定额。

其二，合作关系的构建办法。凡符合政府相关条件的银行均可由乡政府提出合作申请，政府相关部门经审核认定之后，与申请银行建立合作关系，并签署合作协议，颁发合作证书。

其三，合作关系的解除。银行与政府相关部门构建合作关系之后，由政府相关部门对银行的企业技术创新信贷业务进行定期检查和评估，对于企业技术创新信贷业务量长期达不到政府合作标准和条件的银行，即予以解除合作关系，回收政府的补偿基金和合作证书。

其四，合作补偿准备金的出资比例。合作补偿准备金的启动资金由合作银行出资 20%，政府财政专项资金补贴 80%。

②合作补偿准备金的运作和管理办法。

其一，合作补偿准备金的管理办法。合作补偿准备金一经设立之后，即存于合作银行内，但资金的收支及账目由政府相关部门管理，银行应定期将合作补偿准备金账户的收支情况报政府相关部门审核备案。

其二，合作补偿准备金的补偿支出。当银行因企业技术创新信贷业务发生坏账损失时，即可从合作补偿准备金中支出获得全额坏账损失补偿。银行应在每季度末向相关管理部门汇报坏账损失情况，供政府相关部门监控、审核。

其三，坏账追回与坏账损失补偿返还。银行在获取坏账损失补偿后应积极进行坏账追讨，一旦追回坏账，即将追回款项全额返还合作补偿准备金账户，供下次坏账损失补偿使用。

其四，合作补偿准备金的转增。银行和政府相关部门每年对合作补偿准备金进行扎账，对于当年剩余的合作补偿准备金予以转增，供下一年度使用。

其五，合作补偿准备金的补足。合作补偿准备金按照政府与银行协定的额度设立预警线，当合作补偿准备金余额低于预警线时，由银行向政府相关部门提出准备金补充申请，经审批后由银行和政府双方按照启动资金出资比例进行补足。

（5）技术创新信贷担保补偿政策

技术创新信贷担保补偿政策主要包括担保损失补偿办法和担保费补贴办法。

①担保损失补偿办法。

与银行信贷补偿政策相同，担保损失补偿也采取合作补偿准备金制度，准备金出资比例也按照担保公司出资20%，政府出资80%执行。唯一不同的一点，是合作补偿准备金一经设立，应存放于政府指定的银行中，由政府相关部门予以管理。

②担保费补贴办法。

其一，补贴对象。所有高新技术企业为技术创新项目信贷而开展的担保业务均为担保费补贴对象。

其二，补贴比例。补贴比例分为三个等级：第一等级为中小型科技企业的高风险项目以及国家重点项目的信贷担保业务，补贴比例为70%；第二等级为中小型科技企业的一般风险项目以及大型科技企业的高风险项目信贷担保业务，补贴比例为50%；第三等级为大型科技企业的一般风险项目的信贷担保业务，补贴比例在30%以下。

其三，补贴申请与实施办法。补贴申请由担保公司统一向科技局相关部门提出，担保公司定期对本公司符合补贴条件的信贷担保业务相关资料进行收集和整理，报科技局相关部门审核、审批，科技局相关部门在审批后对符合补贴条件的企业实施保费补贴。

20.3.3　企业技术创新风险的梯级补偿体系的构建——以武汉市为例

根据武汉市企业技术创新风险补偿政策存在的主要问题分析，武汉市企业技术创新风险补偿政策的主要不足是缺乏一个完整的政策系统，因而构建国家—湖北省—武汉市企业技术创新风险的梯级补偿体系迫在眉睫。

　　所谓梯级补偿体系，即将企业技术创新风险补偿政策依照国家行政层级分为国家、省（市）、市（县）三个政策层面和补偿梯级。从政策层面看，国家层面主要进行政策系统的总体规划，并引导地方政府积极推行政策实施；省（市）级层面主要是承接国家政策，按照国家政策规划体系监督和控制下级行政单位制定和执行政策；市（县）级层面主要是具体设计各项风险补偿政策，并严格实施。从补偿梯级看，市（县）级层面为企业技术创新风险补偿的主要资金来源和管理主体，大部分补偿资金由地方财政拨付，具体补偿对象、方式和额度也由其制定；省（市）级层面主要负责金融机构的统一补偿和对市（县）级风险补偿政策财政缺口进行补足，并监督控制下级行政单位补偿资金的具体流动情况；国家层面主要是以税收优惠方式进行风险补偿，同时从宏观对企业技术创新风险补偿的渠道和方式进行规划和引导。由此可见，梯级补偿体系中政策是自上而下逐步具体化，而补偿资金则是自下而上逐步减少，政策的制定、执行主要依靠地方政府，国家中央政府只进行引导和调控。基于梯级补偿体系的特点，根据我国企业技术创新风险补偿政策推行的现状，以及武汉市的政策环境，构建国家—湖北省—武汉市企业技术创新风险的梯级补偿体系如图 20-24 所示。

　　如图 20-24 所示，在国家—湖北省—武汉市企业技术创新风险的梯级补偿体系中，国家层面的风险补偿政策由五个部分构成，其中前两个部分均为针对企业直接补偿开展的。①国家高新区风险补偿政策。按照目前的政策，国家高新区企业除了享受全国和地方的各种相关技术创新优惠政策外，还享受国家高新区的特殊优惠政策，而这些特殊优惠政策的实施资金一般由国家财政直接拨划至国家高新区管委会分配使用。因而，在国家—湖北省—武汉市企业技术创新风险的梯级补偿体系中，武汉市国家高新区（武汉东湖高新技术开发区）企业除了享受武汉市的企业直接补偿政策之外，

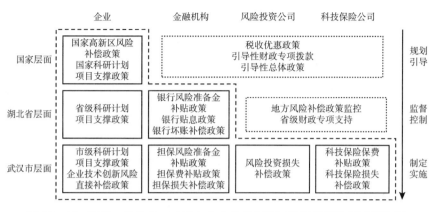

图 20－24　国家—湖北省—武汉市企业技术创新风险的梯级补偿政策体系

还应当享受国家高新区的补偿政策，但国家高新区的风险补偿应处于辅助地位，即是对武汉市地方性补偿的一种适当的补足和补充，使其享受更高比例和额度的风险补偿。②国家科研计划项目支撑。国家科研计划项目是国家为促进科学技术发展，对一些重点科研项目进行的点对点的支持方式。而风险补偿作为一种高效的技术创新扶持方式，应当被纳入国家科研计划项目支持渠道体系，对于一些不足以全额支持的科研项目，可以采用风险补偿的方式降低项目风险，从而既达到促进企业技术创新的目的，又扩大了国家科研计划政策的支撑范围。国家科研计划项目风险补偿政策是一种针对具体项目的"点对点"的技术创新风险直接补偿政策，补偿资金由国家财政专项资金负担，并由国家科研计划项目管理部门统一实施。享受国家科研计划项目风险补偿的技术创新项目不应再享受其他的技术创新风险直接补偿政策。③税收优惠政策。税收优惠政策是国家层面技术创新风险补偿的主要途径，由于企业技术创新风险补偿政策所涉及的对象主要税务均为国税，而国税是国家财政主要来源，并由中央政府统一管理和控制，因而所有税收优惠政策均属于国家层面，优惠的资金也应由国家承担。④引导性财政专项拨款。引导性财政专项拨款是国家为引导地方政府实施技术创新风险补偿政策，而利用国家财政资金，对特定地方政府进行的专项财政拨款。引导性财政专项拨款具有短期性、特定性和引导性等特点。例如，我国为推行科技保险，科技部对于科技保险试点城市划拨每年400万元专项资金，用于科技保险保费补贴，为期3年。引导性财政专项拨款一般由中央政府直接拨划给具体实施政策的地方政府分配使用，在国家—湖北省—武汉市企业技术创新风险的梯级补偿体系中，则是由国家直接划拨给武汉市，由武汉市实施国家要求的特定风险补偿政策。⑤引导性总体政策。引导性总体政策是国家—湖北省—武汉市企业技术创新风险的梯级补偿体系中国家层面的主要政策，也是国家调节整个政策体系的主要工具。引导性总体政策是整个企业技术创新风险补偿政策体系的源头，也是体系内各项政策的总纲。引导性总体政策由科技部、银监会、保监会等国家职能部门制定，并向全国范围推广试行，省（市）、市（县）级政府制定的企业技术创新风险补偿具体政策必须以引导性总体政策为基础，所有具体政策均不能与总体政策发生冲突。

在国家—湖北省—武汉市企业技术创新风险的梯级补偿体系中，湖北省层面的补偿政策主要针对企业和银行两大补偿对象。对于企业，主要是通过湖北省科研计划项目渠道进行风险补偿。与国家科研计划项目相同，享受湖北省科研计划项目风险补偿政策的企业，不再享受其他直接补偿政策。湖北省科研计划项目风险补偿资金由湖北省财政支出，并由湖北省科研计划项目管理机构统一分配、控制。对于金融机构，湖北省层面主要负责银行的风险补偿，包括准备金补贴、贴息和坏账补偿政策。金融机构作为技术创新风险补偿对象包括两个部分，一部分为银行，另一部分为信贷担保公司，根据我国银行的特点，行政区域划分过小，不利于对银行风险补偿进行统一管理和控制，因而，国家—湖北省—武汉市企业技术创新风险的梯级补偿体系选择在省级层面对银行进行风险损失补偿。湖北省政府科技厅为政策的制定者和实施者，补偿资金由湖北省财政支出。各银行的湖北省总行，依照风险补偿政策定时向湖北省科技厅提交准备金补贴、贴息和坏账补偿申请，并将统计期内向技术创新企业贷款的统计结果上报湖北省科技厅审核、评估，湖北省科技厅则根据申请和评估结果对银行进行风险补偿。湖北省层面除了制定和实施对企业和银行的风险补偿政策外，还应在整个政策体系中起到承上启下的作用，一方面，研究、执行国家的引导政策，另一方面，引导和监督地方风险补偿政策的实施。在监督、控制地方风险补偿政策实施方面，湖北省层面应当不定期对湖北省和武汉市层面政策的实施情况进行抽查，严格控制补偿资金的流入和流出，以保障风险补偿政策实施的高效性和公正性。在政策引导方面，湖北省层面则主要是通过以财政专项资金的形式，对部分需要重点支持和引导的政策进行资金引导，以增强地方政策的实施效果。

在国家—湖北省—武汉市企业技术创新风险的梯级补偿体系中，武汉市层面是企业技术创新风险补偿政策实施的主要层面，也是具体政策制定和实施的主要层面，补偿政策对象包括：企业、信贷担保公司、风险投资公司、保险公司。对于企业，武汉市层面除了武汉市科研计划项目政策之外，还有企业直接风险补偿政策，直接风险补偿政策主要是针对未获得科研计划项目支持，且符合技术创新风险补偿条件的企业，直接补偿由武汉市科技局统一管理，资金由武汉市财政支出。对于担保公司的风险补偿政策由三个部分构成，其中担保费补贴不针对企业而针对担保公司开展，补贴部分在担保费中直接扣除；由于准备金补贴与担保损失补贴存在交叉覆盖，因而不可以同时进行，符合条件的担保公司可依照自身状况选择其一享受。对于风险投资公司的风险补偿政策只限于对风险损失的补偿，且损失不重复补偿，由于风险投资损失补偿与企业直接补偿之间存在覆盖，因而风险投资公司只能以实际损失额为限计算损失补偿。对于保险公司的风险补偿政策包括保费补贴和保险损失两个部分，保险公司可同时享受两项政策。为了避免各项政策的相互覆盖和重复补偿，武汉市应设立专门的机构统一实施、管理以上各项政策，以上政策的全部资金均由武汉市财政统一支出。

基于国家—湖北省—武汉市企业技术创新风险的梯级补偿体系的构成，企业技术创新风险补偿的主要资金来源于市（县）级地方政府，且各级补偿力度由下至上逐级降低，形成梯级补偿。

参 考 文 献

［1］谢科范，倪曙光．科技风险与科技保险．科学管理研究，1995
（2）．

［2］未玉．企业家要有科技风险意识．中国科技信息，1994（1）．

［3］肖蓓．创业投资保险中科技风险可保条件刍议．兰州学刊，2005
（2）．

［4］陈雨露．科技风险与科技保险．中国科技投资，2007（1）．

［5］杨雪聘．科技风险的伦理思考．武汉科技大学学报，2001（4）．

［6］金磊．反思当代社会科技风险．安全与健康，2002（9）．

［7］马缨．科技发展与科技风险管理．中国科技论坛，2005（1）．

［8］张黎夫．时间之矢与科技风险．自然辩证法研究，2002（7）．

［9］肖永康．论科技风险与科技伦理建设．重庆大学学报，2003（3）．

［10］许志晋，毛宝铭．论科技风险的产生与治理．科学学研究，
2006（4）．

［11］丁祖豪．科技风险及其社会控制．聊城大学学报，2006（5）．

［12］陈璇．世界风险社会、科技风险与政治再造——兼论中国政府
转基因作物风险治理．中国青年政治学院学报，2008（3）．

［13］刘松涛，李建会．断裂、不确定性与风险——试析科技风险及
其伦理规避．自然辩证法研究，2008（2）．

［14］张茂林．科技风险：金融安全的新挑战．中国金融，1999（5）．

［15］贺朝晖．试析金融科技风险．金融电子化，2002（2）．

［16］陈素．金融科技风险的分析与防范．华南金融电脑，2002（5）．

［17］乔哲男．浅谈金融科技风险防范．河北金融，2007（8）．

[18] 冯青. 强化基层银行内部监管机制防范科技风险. 中国金融电脑, 2000 (5).

[19] 张世华. 浅谈银行业的科技风险控制. 华南金融电脑, 2006 (5).

[20] 田发龙. 浅析基层银行业的科技风险及其防范. 中国农业银行武汉培训学院学报, 2003 (5).

[21] 赵相如. 防范银行信息科技风险的建议. 金融会计, 2007 (3).

[22] [德] 乌尔里希·贝克. 风险社会. 何博文译. 南京: 译林出版社.

[23] [德] 乌尔里希·贝克. 从工业社会到风险社会 (上篇). 马克思主义与现实, 2003 (3): 26 - 45.

[24] Wolfgang Krohn. Sociey as alaboratory: the socialrisks of experimental research. Science and Public Policy, Vol. 21, No. 3. June 1994.

[25] 安东尼·吉登斯. 失控的世界. 南昌: 江西人民出版社, 2001.

[26] 胡林峰, 黄亚萍, 杨力宏. 科技风险的成因、特点及其防范. 金融与经济, 1999 (1).

[27] 费多益. 科技风险的社会接纳. 自然辩证法研究, 2004 (10).

[28] 张利平. 论风险社会中的科技风险. 齐齐哈尔大学学报, 2007 (3).

[29] 张双喜. 加强计算机安全管理 防范金融科技风险. 山西科技, 2005 (2).

[30] 谢科范. 我国科技保险的现状与对策思考. 武汉汽车工业大学学报, 1996, 18 (2): 63 - 66.

[31] N. Stehr & R. Ericson. The Culture and Power of Knowl-edge. Walter de Gruyter & Co. 1992.

[32] 凌文辁, 方俐洛. 中、日、美三国科技风险认知的调查研究. 科技进步与对策, 2007 (7).

[33] Beard, R. E. Risk theory: the stichastic basis of insurance, Chapman and Hall, 1984.

[34] 谢科范. 关于发展我国科技保险的建议. 中国改革建议大奖赛

集萃，改革出版社，1994.

[35] 刘华良．开展科技保险　促进科技开发．科技进步与对策，1992，9（4）：34 – 35.

[36] 刘骅，谢科范．区域自主创新平台构建中的系统机理分析．科学学与科学技术管理，2009（2）：84 – 87.

[37] 刘骅，谢科范．科技环境与科技保险对区域自主创新能力的影响——基于结构方程模型的实证分析．中国科技论坛，2009（3）：43 – 46.

[38] 辜毅．我国科技保险发展问题探讨．上海保险，2007（2）：53 – 55.

[39] 邵学清．科技保险的必要性与可行性．中国科技投资，2007（7）：44 – 47.

[40] 孙珊．发展科技保险　保驾科技创新．科技风，2008（10）：33 – 49.

[41] 王剑锐，陈培忠．科技保险在技术创新活动中的应用与思考．太原科技，2007（6）：14 – 15.

[42] 谢科范．科技保险面面观．中国保险，1994（10）：45 – 46.

[43] 张文武．科技保险喜忧参半．科技成果纵横，1995（2）：25.

[44] 任伟，胡安周．我国应大力发展科技保险．金融理论与实践，1997（1）：41 – 43.

[45] 李优树．在我国开展科技保险业务的设想．金融教学与研究，2000（1）：53 – 54.

[46] 寸晓宏，李武瑜．论风险投资的风险分担．云南财经学院学报，2000，16（3）：39 – 42.

[47] 邵学清，刘志春．政策性科技保险的框架设计．中国科技投资，2007（11）：49 – 52.

[48] 刘燕华．加快科技保险业发展的步伐．中国科技投资，2007（1）：6 – 7.

[49] 周延礼．发展科技保险　推进自主创新．中国金融，2007

（17）：24 – 25.

［50］刘如海，张宏坤. 我国科技保险发展问题研究. 苏南科技开发，2007（10）：31.

［51］张缨. 科技创新保险体系的构建. 甘肃科技，2002，18（9）：13 – 14.

［52］毛宝铭. 理性的断裂——论风险社会中的科学技术. 科技情报开发与经济，2006（2）.

［53］刘骅，谢科范. 企业项目风险化解体系中科技保险作用的实证分析. 中国科技论坛，2009（10）.